Patrick Modiano, né en 1945 à Boulogne-Billancourt, est l'auteur de nombreux romans et du scénario du film de Louis Malle, *Lacombe Lucien*. Son premier ouvrage, *La Place de l'étoile*, roman sur l'Occupation, a été couronné du prix Roger-Nimier. Il a également obtenu le prix Goncourt 1978 pour *Rue des boutiques obscures* et le prix de la Fondation Pierre de Monaco pour l'ensemble de son œuvre en 1984.

Patrick Modiano

REMISE DE PEINE
FLEURS DE RUINE
CHIEN DE PRINTEMPS

Suivi d'une sélection d'articles de presse

Postface de Nadia Butaud

Éditions du Seuil

TEXTE INTÉGRAL

Pour *Remise de peine*
(ISBN 2-02-009959-4, 1re édition brochée,
ISBN 2-02-010886-0, 1re publication poche,
ISBN 978-2-02-029155-2, 2nde publication poche)

Pour *Fleurs de ruine*
(ISBN 2-02-012450-5, 1re édition brochée,
ISBN 2-02-017716-1, 1re publication poche,
ISBN 978-2-02-025914-9, 2nde publication poche)

Pour *Chien de printemps*
(ISBN 2-02-012897-7, 1re publication,
ISBN 978-2-02-025260-7, 1re publication poche)

Pour cette édition
ISBN 978-2-7578-0630-2

Sommaire

Remise de peine

Pour Dominique

« Il n'est guère de famille pour peu qu'elle puisse remonter à quatre générations qui ne prétende avoir des droits sur quelque titre en sommeil ou bien sur quelque château ou domaine, des droits qui ne sauraient être soutenus devant un tribunal mais qui flattent l'imagination et qui écourtent les heures d'oisiveté.

Les droits qu'un homme a sur son propre passé sont plus précaires encore. »

R. L. Stevenson,
Un chapitre sur les rêves.

C'était l'époque où les tournées théâtrales ne parcouraient pas seulement la France, la Suisse et la Belgique, mais aussi l'Afrique du Nord. J'avais dix ans. Ma mère était partie jouer une pièce en tournée et nous habitions, mon frère et moi, chez des amies à elle, dans un village des environs de Paris.

Une maison d'un étage, à la façade de lierre. L'une de ces fenêtres en saillie que les Anglais nomment *bow-windows* prolongeait le salon. Derrière la maison, un jardin en terrasses. Au fond de la première terrasse du jardin était cachée sous des clématites la tombe du docteur Guillotin. Avait-il vécu dans cette maison ? Y avait-il perfectionné sa machine à couper les têtes ? Tout en haut du jardin, deux pommiers et un poirier.

Les petites plaques d'émail accrochées par des chaînettes d'argent aux carafons de liqueur, dans le salon, portaient des noms : Izarra, Sherry, Curaçao. Le chèvrefeuille envahissait la margelle du puits, au milieu de la cour qui précédait le jardin. Le téléphone était posé sur un guéridon, tout près de l'une des fenêtres du salon.

Un grillage protégeait la façade de la maison, légèrement en retrait de la rue du Docteur-Dordaine. Un jour, on avait repeint le grillage après l'avoir couvert de minium. Était-ce bien du minium, cet enduit de couleur orange qui reste vivace dans mon souvenir ? La rue du Docteur-Dordaine avait un aspect villageois, surtout à son extrémité : une institution de bonnes sœurs, puis une ferme où on allait chercher du lait, et, plus loin, le château. Si vous descendiez la rue, sur le trottoir de droite, vous passiez devant la poste ; à la même hauteur, du côté gauche, vous distinguiez, derrière une grille, les serres du fleuriste dont le fils était mon voisin de classe. Un peu plus loin, sur le même trottoir que la poste, le mur de l'école Jeanne-d'Arc, enfoui sous les feuillages des platanes.

En face de la maison, une avenue en pente douce. Elle était bordée, à droite, par le temple protestant et par un petit bois dans les fourrés duquel nous avions trouvé un casque de soldat allemand ; à gauche, par une demeure longue et blanche à fronton, avec un grand jardin et un saule pleureur. Plus bas, mitoyenne de ce jardin, l'auberge Robin des Bois.

Au bout de la pente, et perpendiculaire à elle, la route. Vers la droite, la place de la gare, toujours déserte, sur laquelle nous avons appris à faire du vélo. Dans l'autre sens, vous longiez le jardin public. Sur le trottoir de gauche, un bâtiment avec une galerie de béton où se succédaient le marchand de journaux, le cinéma et la pharmacie. Le fils du pharmacien était l'un de mes camarades de classe, et, une nuit, son père s'est tué en se pendant à une corde qu'il avait attachée à la terrasse de la galerie. Il paraît que les gens se pendent en été. Les autres saisons, ils préfèrent se tuer en se noyant dans les rivières. C'était le maire du village qui l'avait dit au marchand de journaux.

Ensuite, un terrain désert où se tenait le marché, chaque vendredi. Quelquefois s'y dressaient le chapiteau d'un cirque ambulant et les baraques d'une fête foraine.

Vous arriviez devant la mairie et le passage à niveau. Après avoir franchi celui-ci, vous suiviez la grande rue du village qui montait jusqu'à la place de l'église et le monument aux morts. Pour une messe de Noël, nous avions été, mon frère et moi, enfants de chœur dans cette église.

Il n'y avait que des femmes dans la maison où nous habitions tous les deux.

La petite Hélène était une brune d'une quarantaine d'années, avec un front large et des pommettes. Sa très petite taille nous la rendait proche. Elle boitait légèrement à cause d'un accident du travail. Elle avait été écuyère puis acrobate, et cela lui donnait du prestige à nos yeux. Le cirque – que nous avions découvert, mon frère et moi, un après-midi à Médrano – était un monde dont nous voulions faire partie. Elle nous avait dit qu'elle n'exerçait plus son métier depuis longtemps et elle nous montrait un album où étaient collées des photos d'elle en tenue d'écuyère et d'acrobate et des pages de programmes de music-hall qui mentionnaient son nom : Hélène Toch. Souvent, je lui demandais de me prêter cet album pour que je puisse le feuilleter dans mon lit, avant de m'endormir.

Elles formaient un curieux trio, elle, Annie et la mère d'Annie, Mathilde F. Annie était une blonde aux cheveux courts, le nez droit, le visage doux et délicat, les yeux clairs. Mais quelque chose de brutal dans son allure contrastait avec la douceur du visage, peut-être à cause du vieux blouson de cuir marron – un blouson d'homme – qu'elle portait sur des pantalons noirs très étroits, pendant la journée. Le soir, elle s'habillait souvent d'une robe bleu pâle serrée à la taille par une large ceinture noire et je la préférais comme ça.

La mère d'Annie ne lui ressemblait pas. Était-elle vraiment sa mère ? Annie l'appelait Mathilde. Des cheveux gris en chignon. Un visage dur. Toujours habillée de sombre. Elle me faisait peur. Elle me semblait vieille, et pourtant elle ne l'était pas : Annie avait vingt-six ans à l'époque et sa mère la cinquantaine. Je me souviens des camées qu'elle agrafait à son corsage. Elle avait un accent du Midi que j'ai retrouvé plus tard chez les natifs de Nîmes. Annie, elle, n'avait pas cet accent, mais, comme mon frère et moi, celui de Paris.

Chaque fois que Mathilde s'adressait à moi, elle m'appelait : l'« imbécile heureux ». Un matin que je descendais de ma chambre pour prendre le petit déjeuner, elle m'avait dit comme d'habitude :

– Bonjour, imbécile heureux.

Je lui avais dit :

– Bonjour, madame.

Et, après toutes ces années, je l'entends encore me répondre de sa voix sèche, à l'accent de Nîmes :

– Madame ?... Tu peux m'appeler Mathilde, imbécile heureux...

La petite Hélène, sous sa gentillesse, devait être une femme d'une trempe d'acier.

J'ai su plus tard qu'elle avait fait la connaissance d'Annie quand celle-ci avait dix-neuf ans. Elle exerçait un tel ascendant sur Annie et sur sa mère Mathilde F., que les deux femmes étaient parties avec elle, abandonnant monsieur F.

Un jour, certainement, le cirque où travaillait la petite Hélène s'est arrêté dans un bourg de province où vivaient Annie et sa mère. Annie était assise près de l'orchestre, et les trompettes ont annoncé l'arrivée de la petite Hélène qui montait un cheval noir au caparaçon d'argent. Ou bien, je l'imagine, là-haut, sur le trapèze, se préparant au triple saut périlleux.

Et Annie la rejoint après le spectacle, dans la roulotte que la petite Hélène partage avec la femme-serpent.

Une amie d'Annie F. venait souvent à la maison. Elle s'appelait Frede. Aujourd'hui, à mes yeux d'adulte, elle n'est plus qu'une femme qui tenait, dans les années cinquante, une boîte de nuit, rue de Ponthieu. À cette époque, elle paraissait avoir le même âge qu'Annie, mais elle était un peu plus vieille, environ trente-cinq ans. Une brune aux cheveux courts, au corps gracile, au teint pâle. Elle portait des vestes d'homme, serrées à la taille, que je croyais être des vestes de cavalière.

L'autre jour, chez un bouquiniste, je feuilletais un vieux numéro de *La Semaine à Paris* datant de juillet 1939, où étaient indiqués les programmes des cinémas, des théâtres, des music-halls et des cabarets. J'ai eu la surprise de tomber sur une minuscule photo de Frede : à vingt ans, elle animait déjà une boîte de nuit. J'ai acheté ce programme, un peu comme on se procure une pièce à conviction, une preuve tangible que vous n'avez pas rêvé.

Il y est écrit :

La Silhouette
58, rue Notre-Dame-de-Lorette
Montmartre. TRI 64-72.
FREDE présente de 22 h à l'aube
son Cabaret-Dancing féminin
Rentrée de Suisse
du célèbre orchestre DON MARYO
Le Guitariste Isidore Langlois
Betty and the nice boys.

Et je retrouve, fugitivement, l'image que nous avions de Frede, mon frère et moi, lorsque nous la voyions dans le jardin de la maison, au retour de l'école : une femme qui appartenait au monde du cirque, comme la petite Hélène, et que ce monde nimbait de mystère. Il ne faisait aucun doute pour nous que Frede dirigeait un cirque à Paris, plus petit que Médrano, un cirque sous un chapiteau de toile blanche, rayée de rouge, qui s'appelait « le Carroll's ». Ce nom revenait souvent dans la bouche d'Annie et de Frede : Carroll's – la boîte de nuit, rue de Ponthieu – mais je voyais le chapiteau blanc et rouge et les animaux de la ménagerie, dont Frede, avec sa silhouette mince et ses vestes cintrées, était la dompteuse.

Quelquefois le jeudi, elle accompagnait son neveu à la maison, un garçon de notre âge. Et nous passions l'après-midi à jouer tous les trois ensemble. Il en savait beaucoup plus long que nous au sujet du Carroll's. Je me souviens d'une phrase sibylline qu'il nous avait dite et qui éveille encore en moi un écho :

– Annie a pleuré toute la nuit au Carroll's…

Peut-être avait-il entendu cette phrase dans la

bouche de sa tante, sans la comprendre. Quand celle-ci ne l'accompagnait pas, nous allions le chercher, mon frère et moi, le jeudi, à la gare, au début de l'après-midi. Nous ne l'appelions jamais par son prénom que nous ignorions. Nous l'appelions « le neveu de Frede ».

Elles ont engagé une jeune fille pour venir me chercher à l'école et s'occuper de nous. Elle habitait à la maison dans la chambre voisine de la nôtre. Elle coiffait ses cheveux noirs en un chignon très strict, et ses yeux étaient d'un vert si clair qu'il lui donnait un regard transparent. Elle ne parlait presque pas. Son silence et ses yeux transparents nous intimidaient, mon frère et moi. Pour nous, la petite Hélène, Frede et même Annie appartenaient au monde du cirque, mais cette silencieuse jeune fille au chignon noir et aux yeux pâles était un personnage de conte. Nous l'appelions Blanche-Neige.

Je garde le souvenir des dîners où nous étions tous réunis dans la pièce qui servait de salle à manger et qui était séparée du salon par le couloir de l'entrée. Blanche-Neige était assise au bout de la table, mon frère à sa droite et moi à sa gauche. Annie se tenait à côté de moi, la petite Hélène en face, et Mathilde à l'autre bout de table. Un soir, à cause d'une panne d'électricité, la pièce était éclairée par une lampe à huile posée sur la cheminée et qui laissait autour de nous des zones de pénombre.

Les autres l'appelaient Blanche-Neige, comme nous, et quelquefois « ma biche ». Elles la tutoyaient. Et une intimité s'était bientôt établie entre elles, puisque Blanche-Neige aussi les tutoyait.

Je suppose qu'elles avaient loué cette maison. À moins que la petite Hélène en fût la propriétaire, car elle était bien connue parmi les commerçants du village. Peut-être la maison appartenait-elle à Frede. Je me souviens que Frede recevait beaucoup de courrier, rue du Docteur-Dordaine. C'était moi, chaque matin, avant l'école, qui cherchais les lettres dans la boîte.

Annie allait presque tous les jours à Paris, dans sa quatre-chevaux beige. Elle rentrait très tard et, quelquefois, elle restait absente jusqu'au lendemain. Souvent, la petite Hélène l'accompagnait. Mathilde ne quittait pas la maison. Elle faisait les courses. Elle achetait un magazine qui s'appelait *Noir et Blanc*, et dont les numéros traînaient dans la salle à manger. Je les feuilletais, le jeudi après-midi, quand il pleuvait et que nous écoutions une émission pour les enfants, à la radio. Mathilde m'arrachait des mains *Noir et Blanc*.

– Ne regarde pas ça, imbécile heureux ! Ce n'est pas de ton âge…

Blanche-Neige m'attendait à la sortie de l'école, avec mon frère qui était encore trop jeune pour commencer les études. Annie m'avait inscrit à l'école Jeanne-d'Arc, tout au bout de la rue du Docteur-Dordaine. La directrice lui avait demandé si elle était ma mère et elle avait répondu : oui.

Nous étions tous les deux assis devant le bureau de la directrice. Annie portait son vieux blouson de cuir et un pantalon de toile bleue délavée qu'une amie à elle qui venait parfois à la maison – Zina Rachewsky – lui avait ramené d'Amérique : un blue-jean. On en voyait peu, en France, à cette époque. La directrice nous considérait d'un œil méfiant :

– Il faudra que votre fils mette une blouse grise pour la classe, avait-elle dit. Comme tous ses autres petits camarades.

Sur le chemin du retour, le long de la rue du Docteur-Dordaine, Annie marchait à côté de moi et elle avait posé sa main sur mon épaule.

– Je lui ai dit que j'étais ta mère, parce que c'était trop compliqué de lui donner des explications. Tu es d'accord, hein, Patoche ?

Moi, je pensais avec curiosité à cette blouse grise qu'il faudrait que je porte, comme tous mes autres petits camarades.

Je ne suis pas resté longtemps élève à l'institution Jeanne-d'Arc. Le sol de la cour de récréation était noir, à cause du mâchefer. Et ce noir s'harmonisait bien avec l'écorce et les feuillages des platanes.

Un matin, pendant la récréation, la directrice s'est dirigée vers moi et m'a dit :

– Je voudrais voir ta mère. Demande-lui de venir cet après-midi, au début de la classe.

Elle me parlait, comme d'habitude, d'une voix sèche. Elle ne m'aimait pas. Qu'est-ce que je lui avais fait ?

À la sortie de l'école, Blanche-Neige et mon frère m'attendaient.

– Tu as une drôle de tête, a dit Blanche-Neige. Ça ne va pas ?

Je lui ai demandé si Annie était à la maison. Je n'avais qu'une peur : qu'elle ne soit pas rentrée de Paris, pendant la nuit.

Par chance, elle était rentrée, mais très tard. Elle dormait encore dans la chambre au bout du couloir dont les fenêtres ouvraient sur le jardin.

– Va la réveiller, m'a dit la petite Hélène à qui j'avais expliqué que la directrice de l'école voulait voir ma mère.

J'ai frappé à la porte de sa chambre. Elle ne répondait pas. La phrase mystérieuse du neveu de Frede m'est revenue en mémoire : « Annie a pleuré toute la nuit au Carroll's. » Oui, elle dormait encore à midi parce qu'elle avait pleuré toute la nuit au Carroll's.

J'ai tourné la poignée de la porte, et j'ai poussé celle-ci, lentement. Il faisait jour dans la chambre. Annie n'avait pas tiré les rideaux. Elle était allongée sur le grand lit, tout au bord de celui-ci, et elle aurait pu tomber d'un instant à l'autre. Pourquoi ne se mettait-elle pas au milieu du lit ? Elle dormait, le bras ramené sur son épaule, comme si elle avait froid, et pourtant elle était tout habillée. Elle n'avait même pas enlevé ses chaussures et elle portait son vieux blouson de cuir. Je lui ai secoué doucement l'épaule. Elle a ouvert les yeux et elle m'a regardé en fronçant les sourcils :

– Ah… c'est toi, Patoche…

Elle faisait les cent pas sous les platanes de la cour de récréation, avec la directrice de l'institution Jeanne-d'Arc. La directrice m'avait dit de les attendre dans la cour, pendant qu'elles parlaient. Mes camarades étaient rentrés en classe à la sonnerie de deux heures moins cinq, et je les regardais, là-bas, derrière les carreaux, assis à leurs pupitres, sans moi. J'essayais d'entendre ce qu'elles disaient, mais je n'osais pas me rapprocher d'elles. Annie portait son vieux blouson de cuir sur une chemise d'homme.

Et puis elle a laissé la directrice et elle a marché vers moi. Nous sommes sortis tous les deux par la petite porte percée dans le mur, qui donnait sur la rue du Docteur-Dordaine.

– Mon pauvre Patoche… Ils t'ont renvoyé…

J'avais envie de pleurer, mais en levant la tête vers elle, j'ai vu qu'elle souriait. Et cela m'a rassuré.

– Tu es un mauvais élève… comme moi…

Oui, j'étais rassuré qu'elle ne me gronde pas, mais un peu surpris, tout de même, que cet événement, qui me semblait grave, la fasse sourire, elle.

– Ne t'inquiète pas, mon vieux Patoche… On va t'inscrire dans une autre école…

Je ne crois pas avoir été plus mauvais élève qu'un autre. La directrice de l'institution Jeanne-d'Arc s'était sans doute renseignée sur ma famille. Elle avait dû s'apercevoir qu'Annie n'était pas ma mère. Annie, la petite Hélène, Mathilde et même Blanche-

Neige : drôle de famille… Elle avait craint que je sois un dangereux exemple pour mes camarades de classe. Qu'aurait-on pu nous reprocher ? D'abord le mensonge d'Annie. Il avait peut-être attiré tout de suite l'attention de la directrice : Annie paraissait plus jeune que son âge, et il aurait mieux valu qu'elle dise qu'elle était ma grande sœur… Et puis son blouson de cuir et surtout ce blue-jean délavé, si rare à l'époque… Rien à reprocher à Mathilde. Une vieille dame comme les autres avec ses vêtements sombres, son corsage, son camée et son accent de Nîmes… En revanche, la petite Hélène s'habillait quelquefois d'une drôle de manière quand elle nous emmenait à la messe ou chez les commerçants du village : un pantalon de cheval avec des bottes, des chemisiers aux manches bouffantes et serrées aux poignets, un fuseau de ski noir, ou même un boléro incrusté de nacre… On devinait quel avait été son ancien métier. Et pourtant, le marchand de journaux et le pâtissier semblaient l'aimer bien et lui disaient toujours avec beaucoup de politesse :

– Bonjour, mademoiselle Toch… Au revoir, mademoiselle Toch… Et pour mademoiselle Toch, ce sera ?…

Et que pouvait-on reprocher à Blanche-Neige ? Son silence, son chignon noir et ses yeux transparents inspiraient le respect. La directrice de l'institution Jeanne-d'Arc se demandait certainement pourquoi cette jeune fille venait me chercher à la sortie de l'école et non pas ma mère ; et pourquoi je ne rentrais pas tout seul à la maison, comme mes autres petits camarades. Elle devait penser que nous étions riches.

Qui sait ? Il avait suffi que la directrice voie Annie pour qu'elle éprouve de la méfiance envers nous. Moi-même, j'avais surpris, un soir, quelques bribes d'une conversation entre la petite Hélène et Mathilde. Annie n'était pas encore rentrée de Paris dans sa quatre-chevaux et Mathilde paraissait inquiète.

– Elle est capable de tout, avait dit Mathilde d'un air pensif. Vous savez bien, Linou, que c'est une tête brûlée.

– Elle ne peut pas faire quelque chose de grave, avait dit la petite Hélène.

Mathilde était restée un moment silencieuse et elle avait dit :

– Vous comprenez, Linou, vous avez quand même de drôles de fréquentations…

Le visage de la petite Hélène s'était durci.

– De drôles de fréquentations ? Qu'est-ce que vous voulez dire, Thilda ?

Elle avait une voix sèche que je ne lui connaissais pas.

– Ne vous fâchez pas, Linou, avait dit Mathilde, avec un air craintif et docile.

Ce n'était plus la même femme que celle qui me traitait d'« imbécile heureux ».

À partir de ce jour-là, j'ai pensé qu'Annie, pendant ses absences, ne consacrait pas seulement son temps à pleurer toute la nuit au Carroll's. Elle faisait peut-être quelque chose de grave. Plus tard, quand j'ai demandé ce qui s'était passé, on m'a répondu :

« Quelque chose de très grave », et c'était comme l'écho d'une phrase que j'avais déjà entendue. Mais ce soir-là, l'expression « tête brûlée » m'inquiétait. J'avais beau regarder le visage d'Annie, je n'y trouvais que douceur. Derrière ces yeux limpides et ce sourire, il y avait donc une tête brûlée ?

J'étais maintenant élève à l'école communale du village, un peu plus loin que l'institution Jeanne-d'Arc. Il fallait suivre la rue du Docteur-Dordaine jusqu'au bout et traverser la route qui descendait vers la mairie et le passage à niveau. Une grande porte de fer à deux battants ouvrait sur la cour de récréation.

Là aussi, nous portions des blouses grises, mais la cour n'était pas recouverte de mâchefer. Il y avait de la terre, tout simplement. L'instituteur m'aimait bien et il me demandait, chaque matin, de lire un poème à la classe. Un jour, la petite Hélène était venue me chercher, en l'absence de Blanche-Neige. Elle portait sa culotte de cheval, ses bottes et sa veste que j'appelais « la Veste de cow-boy ». Elle avait serré la main de l'instituteur et elle lui avait dit qu'elle était ma tante.

– Votre neveu lit très bien les poèmes, avait dit l'instituteur.

Je lisais toujours le même, celui que nous savions par cœur, mon frère et moi :

Ô combien de marins, combien de capitaines...

J'avais de bons camarades, dans cette classe : le fils du fleuriste de la rue du Docteur-Dordaine, le fils du pharmacien, et je me rappelle le matin où nous avons appris que son père s'était pendu... le fils du boulanger du hameau des Mets dont la sœur avait mon âge et des cheveux blonds et bouclés qui lui descendaient jusqu'aux chevilles.

Souvent Blanche-Neige ne venait pas me chercher : elle savait que je rentrerais avec le fils du fleuriste dont la maison était voisine de la nôtre. À la sortie de l'école, les fins d'après-midi où nous n'avions pas de devoirs, nous allions en bande à l'autre bout du village, plus loin que le château et la gare, jusqu'au grand moulin à eau, en bordure de la Bièvre. Il fonctionnait toujours et, pourtant, il semblait vétuste et abandonné. Le jeudi, j'y emmenais mon frère, quand le neveu de Frede n'était pas là. C'était une aventure que nous devions garder secrète. Nous nous glissions par la brèche du mur et nous nous asseyions par terre, l'un à côté de l'autre. La grande roue tournait. Nous entendions un bourdonnement de moteur et un fracas de cascade. Il faisait frais ici, et nous respirions une odeur d'eau et d'herbe mouillée. Cette grande roue qui luisait dans la demi-pénombre nous effrayait un peu, mais nous ne pouvions pas nous empêcher de la regarder tourner, assis côte à côte, les bras croisés sur nos genoux.

Mon père nous rendait visite entre deux voyages à Brazzaville. Il ne conduisait pas et, comme il fallait bien que quelqu'un l'emmène en voiture de Paris jusqu'au village, ses amis, à tour de rôle, l'escortaient : Annet Badel, Sacha Gordine, Robert Fly, Jacques Boudot-Lamotte, Georges Giorgini, Geza Pellmont, le gros Lucien P. qui s'asseyait sur un fauteuil du salon, et chaque fois nous craignions que le fauteuil ne s'effondre ou ne se fende sous son poids ; Stioppa de D., qui portait un monocle et une pelisse, et dont les cheveux étaient si lourds de gomina qu'ils laissaient des taches sur les canapés et les murs contre lesquels Stioppa appuyait sa nuque.

Ces visites avaient lieu le jeudi, et mon père nous invitait à déjeuner à l'auberge Robin des Bois. Annie et la petite Hélène étaient absentes. Mathilde restait à la maison. Seule, Blanche-Neige nous accompagnait au déjeuner. Et quelquefois le neveu de Frede.

Mon père avait fréquenté l'auberge Robin des Bois, il y a longtemps. Il en parlait, au cours de l'un de nos déjeuners, à son ami Geza Pellmont, et j'écoutais leur conversation.

– Tu te souviens ?... avait dit Pellmont. Nous venions ici avec Eliot Salter...

– Le château est en ruine, avait dit mon père.

Le château se trouvait au bout de la rue du Docteur-Dordaine, à l'opposé de l'institution Jeanne-d'Arc. Sur la grille entrouverte était fixé un panneau de bois à moitié pourri où l'on pouvait encore lire : « Propriété réquisitionnée par l'Armée américaine pour le brigadier général Franck Allen. » Le jeudi, nous nous glissions entre les deux battants de la grille. Dans la prairie aux herbes hautes, nous nous enfoncions presque jusqu'à la taille. Au fond, se dressait un château de style Louis XIII, dont la façade était flanquée de deux pavillons en saillie. Mais j'ai su plus tard qu'il avait été construit à la fin du XIXe siècle. Nous jouions au cerf-volant dans la prairie, un cerf-volant de toile rouge et bleu en forme d'aéroplane. Nous avions beaucoup de mal à lui faire prendre de l'altitude. Là-bas, à la droite du château, une butte plantée de pins, avec un banc de pierre sur lequel s'asseyait Blanche-Neige… Elle lisait *Noir et Blanc* ou bien elle tricotait, tandis que nous montions aux branches des pins. Mais nous avions le vertige, mon frère et moi, et seul le neveu de Frede atteignait le sommet des arbres.

Vers le milieu de l'après-midi, nous suivions le sentier qui partait de la butte et nous nous enfoncions, en compagnie de Blanche-Neige, dans la forêt. Nous marchions jusqu'au hameau des Mets. En automne, nous ramassions les châtaignes. Le boulanger des Mets était le père de mon camarade de classe, et chaque fois que nous entrions dans sa boutique, la sœur de mon ami était là, et j'admirais ses cheveux blonds bouclés qui lui tombaient jusqu'aux chevilles. Et puis nous revenions par le même chemin. Dans le crépuscule, la façade et les deux pavillons en saillie du château prenaient un aspect sinistre et nous faisaient battre le cœur, à mon frère et moi.

– On va voir le château ?

Désormais, c'était la phrase que mon père prononçait chaque fois, à la fin du déjeuner. Et comme les autres jeudis, nous suivions la rue du Docteur-Dordaine, nous nous glissions par la grille entrouverte dans la prairie. Sauf que, ces jours-là, mon père et l'un de ses amis : Badel, Gordine, Stioppa ou Robert Fly, nous accompagnaient.

Blanche-Neige allait s'asseoir sur le banc, au pied des pins, à sa place habituelle. Mon père s'approchait du château, il contemplait la façade et les hautes fenêtres murées. Il poussait la porte d'entrée et nous pénétrions dans un hall dont le dallage disparaissait sous les gravats et les feuilles mortes. Au fond du hall, la cage d'un ascenseur.

– Oui, j'ai connu le propriétaire de ce château, disait mon père.

Il voyait bien que nous étions intéressés, mon frère et moi. Alors, il nous racontait l'histoire d'Eliot Salter, marquis de Caussade, qui, à l'âge de vingt ans, pendant la première guerre, avait été un héros de l'aviation. Puis il avait épousé une Argentine et il était devenu le roi de l'armagnac. L'armagnac – disait mon père – est un alcool que Salter, marquis de Caussade, fabriquait et qu'il vendait dans de très jolies bouteilles par camions entiers. Je l'aidais à décharger tous les camions – disait mon père. Nous comptions les caisses, au fur et à mesure. Il avait acheté ce château. Il avait disparu à la fin de la guerre avec sa femme, mais il n'était pas mort et il reviendrait un jour.

Mon père avait arraché avec précaution une petite affiche collée contre la porte d'entrée, à l'intérieur. Et il me l'avait offerte. Je peux encore aujourd'hui réciter, sans la moindre hésitation, le texte de celle-ci :

> Confiscation des profits illicites
> mardi 23 juillet à 14 h.
> Sis au hameau des Mets.
> Magnifique domaine
> comprenant château et 300 hectares de forêts.

– Surveillez bien le château, les enfants, disait mon père. Le marquis reviendra plus vite qu'on ne le pense…

Et avant de monter dans la voiture de l'ami qui lui servait de chauffeur ce jour-là, il nous saluait d'une main distraite, que nous voyions encore s'agiter mollement à travers la vitre, quand la voiture prenait la direction de Paris.

Nous avions décidé, mon frère et moi, d'aller visiter le château, la nuit. Il fallait attendre que tout le monde dorme dans la maison. La chambre de Mathilde occupait le rez-de-chaussée d'un minuscule pavillon, au fond de la cour : pas de danger qu'elle nous surprenne. La chambre de la petite Hélène était au premier étage, à l'autre bout du couloir, et celle de Blanche-Neige, à côté de la nôtre. Le parquet du couloir craquait un peu, mais une fois que nous serions au bas de l'escalier, nous n'avions plus rien à craindre et le chemin serait libre. Nous choisirions une nuit où Annie n'était pas là – car elle s'endormait très tard –, une nuit où elle pleurait au Carroll's.

Nous avions pris la torche électrique dans le placard de la cuisine, une torche au métal argenté qui projetait une lumière jaune. Et nous nous habillions. Nous gardions notre veste de pyjama sous un chandail. Pour rester éveillés, nous parlions d'Eliot Salter, marquis de Caussade. Nous faisions, chacun à notre tour, les suppositions les plus diverses à son sujet. Pour mon frère, les nuits où il venait au château, il arrivait à la gare du village par le dernier train de Paris, celui de vingt-trois heures trente, dont nous pouvions entendre le grondement cadencé de la fenêtre de notre chambre. Il n'attirait pas l'attention sur lui et il évitait de garer une voiture, qui aurait semblé suspecte, devant la grille du château. C'était à pied, comme un simple promeneur, qu'il se rendait, pour une nuit, dans son domaine.

Nous partagions la même conviction tous les deux : Eliot Salter, marquis de Caussade, se tenait ces nuits-là dans le hall du château. Avant sa venue, on avait déblayé les feuilles mortes et les gravats, et on les remettrait ensuite pour ne laisser aucune trace de son passage. Et celui qui préparait ainsi la visite de son maître était le garde-chasse des Mets. Il habitait dans la forêt, entre le hameau et la lisière de l'aérodrome de Villacoublay. Nous le rencontrions souvent au cours de nos promenades avec Blanche-Neige. Nous avions demandé au fils du boulanger quel était le nom de ce fidèle serviteur qui cachait bien son secret : Grosclaude.

Ce n'était pas un hasard si Grosclaude habitait là. Nous avions découvert, dans cette zone de la forêt qui bordait l'aérodrome, une piste d'atterrissage désaffectée, avec un grand hangar. Le marquis utilisait cette piste, la nuit, pour partir en avion vers une destination lointaine – une île des mers du Sud. Au bout de quelque temps, il revenait de là-bas. Et Grosclaude, ces nuits-là, disposait sur la piste de petits signaux lumineux pour que le marquis puisse atterrir sans difficulté.

Le marquis était assis sur un fauteuil de velours

vert devant la cheminée massive où Grosclaude avait allumé un feu. Derrière lui, une table était dressée : des chandeliers d'argent, des dentelles et du cristal. Nous entrions dans le hall, mon frère et moi. Il n'était éclairé que par le feu de la cheminée et les flammes des bougies. Grosclaude nous voyait, le premier. Il marchait vers nous, avec ses bottes et son pantalon de cheval.

– Qu'est-ce que vous faites ici ?

Sa voix était menaçante. Il nous donnerait une paire de gifles à chacun et nous pousserait dehors. Il valait mieux qu'à notre entrée dans le hall nous nous dirigions le plus vite possible vers le marquis de Caussade et que nous lui parlions. Et nous voulions préparer à l'avance ce que nous lui dirions.

– Nous venons vous voir parce que vous êtes un ami de mon père.

C'est moi qui prononcerais cette première phrase. Ensuite, chacun à notre tour, nous lui dirions :

– Bonsoir, monsieur le marquis.

Et j'ajouterais :

– Nous savons que vous êtes le roi de l'armagnac.

Un détail, pourtant, me causait beaucoup d'appréhension : l'instant où le marquis Eliot Salter de Caussade tournerait son visage vers nous. Mon père nous avait raconté qu'au cours d'un combat aérien de la première guerre, il s'était brûlé le visage et qu'il dissimulait cette brûlure en recouvrant sa peau d'un fard de couleur ocre. Dans ce hall, à la clarté des bougies et du feu de bois, ce visage devait être inquiétant. Mais je verrais enfin ce que j'essayais de voir derrière le sourire et les yeux clairs d'Annie : une tête brûlée.

Nous avions descendu l'escalier sur la pointe des pieds, nos chaussures à la main. Le réveil de la cuisine marquait onze heures vingt-cinq minutes. Nous avions refermé doucement la porte d'entrée de la maison et la petite porte grillagée qui donnait rue du Docteur-Dordaine. Assis sur le rebord du trottoir, nous lacions nos chaussures. Le grondement du train se rapprochait. Il allait entrer en gare dans quelques minutes et il ne laisserait qu'un seul passager sur le quai : Eliot Salter, marquis de Caussade et roi de l'armagnac.

Nous choisissions des nuits où le ciel était clair et où brillaient les étoiles et un quartier de lune. Les chaussures lacées, la torche électrique dissimulée entre mon chandail et ma veste, il fallait maintenant que nous marchions jusqu'au château. La rue déserte sous la lune, le silence et le sentiment qui nous prenait d'avoir quitté pour toujours la maison, nous faisaient peu à peu ralentir le pas. Au bout d'une cinquantaine de mètres, nous revenions en arrière.

Maintenant, nous délacions nos chaussures et nous refermions la porte d'entrée de la maison. Le réveil de la cuisine marquait minuit moins vingt. Je rangeais dans le placard la torche électrique et nous montions l'escalier sur la pointe des pieds.

Blottis dans nos lits jumeaux, nous éprouvions un certain soulagement. Nous parlions à voix basse du marquis, et chacun de nous deux trouvait un détail nouveau. Il était minuit passé, et là-bas, dans le hall, Grosclaude lui servait son souper. La prochaine fois, avant de rebrousser chemin, nous irions un peu plus loin que cette nuit dans la rue du Docteur-Dordaine. Nous irions jusqu'à l'institution des bonnes sœurs. Et la prochaine fois, encore plus loin, jusqu'à la ferme et la boutique du coiffeur. Et la prochaine fois, encore plus loin. Chaque nuit, une nouvelle étape. Il n'y aurait plus que quelques dizaines de mètres à franchir et nous arriverions devant la grille du château. La prochaine fois… Nous finissions par nous endormir.

Très vite, j'avais remarqué qu'Annie et la petite Hélène recevaient à la maison des gens aussi mystérieux et dignes d'intérêt qu'Eliot Salter, marquis de Caussade.

Était-ce Annie qui entretenait des liens d'amitié avec eux ? Ou la petite Hélène ? L'une et l'autre, je crois. Mathilde, elle, gardait une sorte de réserve en leur présence, et souvent elle se retirait dans sa chambre. Peut-être ces gens-là l'intimidaient-ils ou bien n'éprouvait-elle aucune sympathie pour eux.

Je tente aujourd'hui de recenser tous les visages que j'ai vus sous le porche et dans le salon – sans pouvoir identifier la plupart d'entre eux. Tant pis. Si je mettais un nom sur cette dizaine de visages qui défilent dans mon souvenir, je gênerais quelques personnes encore vivantes aujourd'hui. Elles se rappelleraient qu'elles avaient de mauvaises fréquentations.

Ceux dont l'image demeure la plus nette sont Roger Vincent, Jean D. et Andrée K., dont on disait qu'elle était « la femme d'un grand toubib ». Ils venaient chez nous deux ou trois fois par semaine.

Ils allaient déjeuner à l'auberge Robin des Bois avec Annie et la petite Hélène, et, après le déjeuner, ils restaient encore un moment dans le salon. Ou bien, ils dînaient à la maison.

Quelquefois, Jean D. venait seul. Annie l'avait ramené de Paris dans sa quatre-chevaux. C'est lui qui semblait le plus intime avec Annie et qui, sans doute, lui avait fait connaître les deux autres. Jean D. et Annie avaient le même âge. Quand Jean D. nous rendait visite, accompagné de Roger Vincent, c'était toujours dans la voiture américaine décapotable de Roger Vincent. Andrée K. les accompagnait de temps en temps, et elle était assise sur le siège avant de la voiture américaine, à côté de Roger Vincent ; Jean D., sur la banquette arrière. Roger Vincent devait avoir environ quarante-cinq ans, à l'époque, et Andrée K. trente-cinq ans.

Je me souviens de la première fois que nous avons vu la voiture américaine de Roger Vincent garée devant la maison. C'était à la fin de la matinée, après l'école. Je n'avais pas encore été renvoyé de l'institution Jeanne-d'Arc. De loin, cette énorme voiture décapotable, dont la carrosserie beige et les banquettes de cuir rouge brillaient au soleil, nous avait autant surpris, mon frère et moi, que si nous nous étions trouvés, au détour d'une rue, en présence du marquis de Caussade. D'ailleurs, nous avions eu la même idée, à cet instant-là, comme nous devions nous le confier plus tard : cette voiture était celle du marquis de Caussade, de retour au village après toutes ses aventures, et auquel mon père avait demandé de nous rendre visite.

J'ai dit à Blanche-Neige :

– C'est à qui, la voiture ?

– À un ami de ta marraine.

Elle appelait toujours Annie « ta marraine », et il était exact, en effet, que nous avions été baptisés un an auparavant en l'église Saint-Martin de Biarritz et que ma mère avait chargé Annie de me servir de marraine.

Quand nous sommes entrés dans la maison, la porte du salon était ouverte et Roger Vincent assis sur le canapé, devant le *bow-window*.

– Venez dire bonjour, a dit la petite Hélène.

Elle achevait de remplir trois verres et elle rebouchait l'un des carafons de liqueur à la plaque d'émail. Annie parlait au téléphone.

Roger Vincent s'est levé. Il m'a paru très grand. Il était vêtu d'un costume prince-de-galles. Ses cheveux étaient blancs, bien coiffés et ramenés en arrière, mais il n'avait pas l'air vieux. Il s'est penché vers nous. Il nous souriait.

– Bonjour, les enfants…

Il nous a serré la main chacun à notre tour. J'avais posé mon cartable pour lui serrer la main. Je portais ma blouse grise.

– Tu reviens de l'école ?

J'ai dit :

– Oui.

– Ça marche, l'école ?

– Oui.

Annie avait raccroché le combiné du téléphone et nous avait rejoints, avec la petite Hélène qui a posé le plateau à liqueurs sur la table basse devant le canapé. Elle a tendu un verre à Roger Vincent.

– Patoche et son frère habitent ici, a dit Annie.

– Alors, à la santé de Patoche et de son frère, a dit Roger Vincent en levant son verre, et avec un large sourire.

Ce sourire reste, dans ma mémoire, la principale caractéristique de Roger Vincent : il flottait toujours sur ses lèvres. Roger Vincent baignait dans ce sourire qui n'était pas jovial mais distant, rêveur, et l'enveloppait comme d'une brume très légère. Il y avait quelque chose de feutré dans ce sourire, dans sa voix et son allure. Roger Vincent ne faisait jamais de bruit. Vous ne l'entendiez pas venir, et quand vous vous tourniez, il était derrière vous. De la fenêtre de notre chambre, nous l'avons vu quelquefois arriver au volant de sa voiture américaine. Elle s'arrêtait devant la maison, telle une vedette, moteur éteint, que porte le ressac et qui accoste insensiblement au rivage. Roger Vincent sortait de la voiture, les gestes lents, son sourire aux lèvres. Il ne claquait jamais la portière, mais la refermait doucement.

Ce jour-là, après le déjeuner que nous avons pris avec Blanche-Neige dans la cuisine, ils étaient encore au salon. Mathilde, elle, s'occupait du rosier qu'elle avait planté sur la première terrasse du jardin près de la tombe du docteur Guillotin.

Je tenais mon cartable à la main, et Blanche-Neige allait m'accompagner à l'institution Jeanne-d'Arc pour la classe de l'après-midi, quand Annie, qui était apparue dans l'encadrement de la porte du salon, m'a dit :

– Travaille bien, Patoche…

Derrière elle, je voyais la petite Hélène et Roger Vincent qui souriait de son sourire immuable. Ils étaient certainement sur le point de quitter la maison pour déjeuner à l'auberge Robin des Bois.

– Tu vas à l'école à pied ? m'a demandé Roger Vincent.

– Oui.

Même quand il parlait, il souriait.

– Je t'emmène en voiture, si tu veux…

– Tu as vu la voiture de Roger Vincent ? m'a demandé Annie.

– Oui.

Elle l'a toujours appelé « Roger Vincent », avec une affection respectueuse, comme si son nom et son prénom ne pouvaient pas être séparés. Je l'entendais dire au téléphone : « Allô, Roger Vincent… Bonjour, Roger Vincent… » Elle le vouvoyait. Ils l'admiraient beaucoup, elle et Jean D. Jean D. aussi l'appelait « Roger Vincent ». Annie et Jean D. parlaient de lui ensemble et ils avaient l'air de se raconter des « histoires de Roger Vincent », comme on se raconte des légendes anciennes. Andrée K., « la femme du grand toubib », l'appelait Roger tout court et elle le tutoyait.

– Ça te ferait plaisir que je t'emmène à l'école dans cette voiture ? m'a demandé Roger Vincent.

Il avait deviné ce que nous voulions, mon frère et moi. Nous sommes montés tous les deux sur la banquette avant, à côté de lui.

Il a effectué une majestueuse marche arrière dans l'avenue en pente douce, et la voiture a suivi la rue du Docteur-Dordaine.

Nous glissions sur une eau étale. Je n'entendais pas le bruit du moteur. C'était la première fois que nous montions dans une voiture décapotable, mon frère et moi. Et elle était si grande, cette voiture, qu'elle tanguait sur toute la largeur de la rue.

– C'est là, mon école…

Il a arrêté la voiture et, en étendant le bras, il a ouvert lui-même la portière pour que je puisse sortir.

– Bon courage, Patoche.

J'étais fier qu'il m'appelle « Patoche », comme s'il me connaissait depuis longtemps. Mon frère était maintenant assis tout seul, à côté de lui, et il paraissait encore plus petit sur cette grande banquette de cuir rouge. Je me suis retourné avant d'entrer dans la cour de l'institution Jeanne-d'Arc. Roger Vincent m'a fait un signe de la main. Et il souriait.

Jean D., lui, n'avait pas de voiture américaine décapotable, mais une grosse montre sur le cadran de laquelle on lisait les secondes, les minutes, les heures, les jours, les mois et les années. Il nous expliquait le mécanisme compliqué de cette montre aux multiples boutons. Il était beaucoup plus familier avec nous que Roger Vincent. Et plus jeune.

Il s'habillait d'un blouson de daim, de chandails de sport à col roulé, de chaussures à semelles de crêpe… Il était grand et mince, lui aussi. Des cheveux noirs et un visage aux traits réguliers. Quand ses yeux marron se posaient sur nous, un mélange de malice et de tristesse éclairait son regard. Il écarquillait les yeux, comme s'il s'étonnait de tout. Je lui enviais sa coupe de cheveux : une brosse longue, alors que moi, le coiffeur me faisait, tous les quinze jours, une brosse si courte que cela piquait quand je passais la main sur mon crâne et au-dessus de mes oreilles. Mais je n'avais rien à dire. Le coiffeur prenait sa tondeuse, sans me demander mon avis.

Jean D. venait plus souvent à la maison que les autres. Annie l'emmenait toujours dans sa quatre-chevaux. Il déjeunait avec nous et il s'asseyait à côté d'Annie, à la grande table de la salle à manger. Mathilde l'appelait « mon petit Jean » et elle n'avait pas pour lui cette réserve qu'elle témoignait aux autres visiteurs. Il appelait la petite Hélène « Linou » – comme l'appelait Mathilde. Il lui disait toujours : « Alors, ça va, Linou ? » – et moi, il m'appelait « Patoche », comme Annie.

Il nous a prêté sa montre, à mon frère et à moi. Nous pouvions la porter, chacun à notre tour, pendant une semaine. Le bracelet de cuir était trop large, et il a percé un trou pour qu'il nous serre bien les poignets. J'ai porté cette montre à l'institution Jeanne-d'Arc et je l'ai fait admirer à mes camarades de classe qui m'entouraient, ce jour-là, dans la cour de récréation. Peut-être la directrice a-t-elle remarqué cette montre énorme à mon poignet, et m'a-t-elle vu de sa fenêtre descendre de la voiture américaine de Roger Vincent… Alors, elle a pensé que cela suffisait comme ça et que ma place n'était pas à l'institution Jeanne-d'Arc.

– Qu'est-ce que tu lis comme livres ? m'a demandé un jour Jean D.

Ils prenaient tous le café dans le salon, après le déjeuner : Annie, Mathilde, la petite Hélène et Blanche-Neige. C'était un jeudi. Nous attendions Frede qui devait venir avec son neveu. Nous avions décidé, mon frère et moi, d'entrer dans le hall du château, cet après-midi-là, comme nous l'avions déjà fait avec mon père. La présence, à nos côtés, du neveu de Frede nous donnerait du courage pour tenter l'aventure.

– Patoche lit beaucoup, a répondu Annie. N'est-ce pas, Blanche-Neige ?

– Il lit beaucoup trop pour son âge, a dit Blanche-Neige.

Mon frère et moi, nous avions trempé un morceau de sucre dans la tasse de café d'Annie et nous l'avions croqué, comme l'exigeait la cérémonie des canards. Ensuite, quand ils auraient bu leur café, Mathilde leur lirait l'avenir dans les tasses vides, le « marc de café », disait-elle.

– Mais tu lis quoi ? a demandé Jean D.

Je lui ai répondu la Bibliothèque verte : Jules Verne, *Le Dernier des Mohicans*… mais je préférais *Les Trois Mousquetaires* à cause de la fleur de lys imprimée sur l'épaule de Milady.

– Tu devrais lire des « série noire », a dit Jean D.

– Tu es fou, Jean… a dit Annie en riant. Patoche est encore trop jeune pour les « série noire »…

– Il a bien le temps de lire des « série noire », a dit la petite Hélène.

Apparemment, ni Mathilde ni Blanche-Neige ne savaient la signification du mot « série noire ». Elles gardaient le silence.

Quelques jours plus tard, il est revenu à la maison dans la quatre-chevaux d'Annie. Il pleuvait, cette fin d'après-midi-là, et Jean D. portait une canadienne. Nous écoutions, mon frère et moi, une émission de radio, assis tous les deux à la table de la salle à manger, et quand nous l'avons vu entrer avec Annie, nous nous sommes levés pour lui dire bonjour.

– Tiens, a dit Jean D., je t'ai apporté une « série noire »…

Il a sorti de la poche de sa canadienne un livre jaune et noir qu'il m'a tendu.

– Ne fais pas attention, Patoche… a dit Annie. C'est une blague… Ce n'est pas un livre pour toi…

Jean D. me regardait avec ses yeux un peu écarquillés, son regard tendre et triste. À certains moments, j'avais l'impression que c'était un enfant, comme nous. Annie lui parlait souvent du même ton qu'elle nous parlait à nous.

– Mais si… a dit Jean D. Je suis sûr que ce livre t'intéressera.

Je l'ai pris pour ne pas lui faire de peine et, aujourd'hui encore, chaque fois que je tombe sur l'une de ces couvertures cartonnées jaune et noir, une voix basse un peu traînante me revient en écho, la voix de Jean D. qui nous répétait le soir, à mon frère et à moi, le titre inscrit sur le livre qu'il m'avait donné : *Touchez pas au grisbi*.

Était-ce le même jour ? Il pleuvait. Nous avions accompagné Blanche-Neige chez le marchand de journaux parce qu'elle voulait acheter des enveloppes et du papier à lettres. Quand nous sommes sortis de la maison, Annie et Jean D. étaient assis tous les deux dans la quatre-chevaux, garée devant la porte. Ils parlaient et ils étaient si absorbés par leur conversation qu'ils ne nous ont pas vus. Et, pourtant, je leur ai fait un signe de la main. Jean D. avait rabattu sur son cou le col de sa canadienne. À notre retour, ils étaient toujours tous les deux dans la quatre-chevaux. Je me suis penché vers eux, mais ils ne m'ont même pas regardé. Ils parlaient et ils avaient l'un et l'autre un visage soucieux.

La petite Hélène faisait une réussite sur la table de la salle à manger en écoutant la radio. Mathilde devait être dans sa chambre. Nous sommes montés dans la nôtre, mon frère et moi. Je regardais, par la fenêtre, la quatre-chevaux sous la pluie. Ils sont restés dedans, à parler, jusqu'à l'heure du dîner. Quels secrets pouvaient-ils bien se dire ?

Roger Vincent et Jean D. venaient souvent dîner à la maison avec Andrée K. D'autres invités arrivaient après le dîner. Ils restaient tous très tard au salon, ces nuits-là. De notre chambre, nous entendions des éclats de voix et de rire. Et des sonneries de téléphone. Et la sonnette de la porte. Nous dînions à sept heures et demie dans la cuisine, avec Blanche-Neige. La table de la salle à manger était déjà dressée pour Roger Vincent, Jean D., Andrée K., Annie, Mathilde et la petite Hélène. La petite Hélène leur faisait la cuisine, et ils disaient tous qu'elle était « un véritable cordon-bleu ».

Avant de monter nous coucher, nous allions leur dire bonsoir dans le salon. Nous étions en pyjama et en robe de chambre – deux robes de chambre au tissu écossais qu'Annie nous avait offertes.

Les autres les rejoindraient au cours de la soirée. Je ne pouvais m'empêcher de les regarder, par les fentes des persiennes de notre chambre, une fois que Blanche-Neige avait éteint la lumière et nous avait souhaité bonne nuit. Ils venaient, chacun à leur tour, sonner à la porte. Je voyais bien leurs visages, sous la lumière vive de l'ampoule du perron. Certains se sont gravés dans ma mémoire pour toujours. Et je m'étonne que les policiers ne m'aient pas interrogé : pourtant les enfants regardent. Ils écoutent aussi.

– Vous avez de très belles robes de chambre, disait Roger Vincent.

Et il souriait.

Nous serrions d'abord la main d'Andrée K., qui était toujours assise sur le fauteuil au tissu à fleurs, près du téléphone. On lui téléphonait pendant qu'elle était à la maison. La petite Hélène, qui décrochait le téléphone, disait :

– Andrée, c'est pour toi…

Andrée K. nous tendait son bras d'un geste désinvolte. Elle souriait aussi, mais son sourire durait moins longtemps que celui de Roger Vincent.

– Bonne nuit, les enfants.

Elle avait un visage semé de taches de son, des pommettes, des yeux verts, des cheveux châtain clair coiffés en frange. Elle fumait beaucoup.

Nous serrions la main de Roger Vincent qui souriait toujours. Puis celle de Jean D. Nous embrassions Annie et la petite Hélène. Avant que nous quittions le salon avec Blanche-Neige, Roger Vincent nous complimentait encore de l'élégance de nos robes de chambre.

Nous étions au bas de l'escalier et Jean D. passait la tête par l'entrebâillement de la porte du salon :

– Dormez bien.

Il nous regardait de ses yeux tendres, un peu écarquillés. Il nous faisait un clin d'œil et il disait d'une voix plus basse, comme s'il s'agissait d'un secret entre nous :

– Touchez pas au grisbi.

Un jeudi, Blanche-Neige avait pris son jour de congé. Elle allait voir quelqu'un de sa famille à Paris et elle était partie avec Annie et Mathilde après le déjeuner, dans la quatre-chevaux. Nous étions restés seuls, sous la surveillance de la petite Hélène. Nous jouions dans le jardin à dresser une tente de toile qu'Annie m'avait donnée pour mon dernier anniversaire. Vers le milieu de l'après-midi, Roger Vincent est venu, seul. Lui et la petite Hélène parlaient dans la cour de la maison, mais je n'entendais pas leur conversation. La petite Hélène nous a dit qu'ils devaient faire une course à Versailles et elle nous a demandé de les accompagner.

Nous étions heureux de monter de nouveau dans la voiture américaine de Roger Vincent. C'était en avril, pendant les vacances de Pâques. La petite Hélène s'est assise à l'avant. Elle portait son pantalon de cheval et sa veste de cow-boy. Nous étions assis sur la grande banquette arrière, mon frère et moi, et nos pieds ne touchaient pas le fond de la voiture.

Roger Vincent conduisait lentement. Il s'est retourné vers nous, avec son sourire :

– Vous voulez que j'allume la radio ?

La radio ? On pouvait donc écouter la radio dans cette voiture ? Il a pressé un bouton d'ivoire, sur le tableau de bord, et aussitôt nous avons entendu une musique.

– Plus fort ou moins fort, les enfants ? nous a-t-il demandé.

Nous n'osions pas lui répondre. Nous écoutions la musique qui sortait du tableau de bord. Et puis une femme a commencé à chanter d'une voix rauque.

– C'est Edith qui chante, les enfants, a dit Roger Vincent. C'est une amie…

Il a demandé à la petite Hélène :

– Tu revois Edith ?

– De temps en temps, a dit la petite Hélène.

Nous suivions une grande avenue et nous arrivions à Versailles. La voiture s'est arrêtée à un feu rouge, et nous admirions sur une pelouse, à notre gauche, une horloge dont les chiffres étaient des plates-bandes de fleurs.

– Un autre jour, nous a dit la petite Hélène, je vous ferai visiter le château.

Elle a demandé à Roger Vincent de s'arrêter devant un magasin où l'on vendait de vieux meubles.

– Vous, les enfants, vous restez dans la voiture, a dit Roger Vincent. Vous surveillez bien la voiture…

Nous étions fiers de remplir une mission aussi importante et nous guettions les allées et venues des passants sur le trottoir. Derrière la vitre du magasin, Roger Vincent et la petite Hélène parlaient avec un homme brun qui portait un imperméable et une moustache. Ils ont parlé très longtemps. Ils nous avaient oubliés.

Ils sont sortis du magasin. Roger Vincent tenait à la main une valise de cuir et il l'a rangée dans le coffre arrière. Il s'est assis au volant et la petite Hélène à côté de lui. Il s'est tourné vers moi :

– Rien à signaler ?

– Non… Rien… ai-je dit.

– Alors, tant mieux, a dit Roger Vincent.

Sur le chemin du retour, à Versailles, nous avons suivi une avenue au bout de laquelle se dressait une église en brique. Quelques baraques foraines occupaient le terre-plein, autour d'un étincelant circuit d'autos tamponneuses. Roger Vincent s'est garé le long du trottoir.

– On les emmène faire un tour sur les autos tamponneuses ? a-t-il dit à la petite Hélène.

Nous attendions, tous les quatre, au bord de la piste. Une musique, diffusée par des haut-parleurs, jouait très fort. Seules, trois voitures étaient occupées par des clients, dont deux pourchassaient l'autre et le tamponnaient en même temps, des deux côtés, avec des cris et des éclats de rire. Les perches laissaient des traînées d'étincelles au plafond du circuit. Mais ce qui me captivait le plus, c'était la couleur des voitures : turquoise, vert pâle, jaune, violet, rouge vif, mauve, rose, bleu nuit… Elles se sont arrêtées, et leurs occupants ont quitté la piste. Mon frère est monté dans une voiture jaune avec Roger Vincent, et moi, avec la petite Hélène, dans une voiture turquoise.

Nous étions les seuls sur le circuit, et nous ne nous tamponnions pas. Roger Vincent et la petite Hélène conduisaient. Nous faisions le tour de la piste, et nous suivions, la petite Hélène et moi, la voiture de Roger Vincent et de mon frère. Nous glissions en zigzag au milieu des autres voitures vides et immobiles sur le circuit. La musique jouait moins fort, et l'homme qui nous avait donné les tickets nous regardait tristement, debout, au bord de la piste, comme si nous étions les derniers clients.

Il faisait presque nuit. Nous nous sommes arrêtés au bord de la piste. J'ai contemplé encore une fois toutes ces voitures aux couleurs vives. Nous en parlions, dans notre chambre, mon frère et moi, après l'heure du coucher. Nous avions décidé d'installer une piste dans la cour, le lendemain, avec les vieilles planches de la remise. Évidemment, il serait difficile de nous procurer une auto tamponneuse, mais peut-être en trouvait-on des vieilles, hors d'usage. La couleur, surtout, nous intéressait : moi, j'hésitais entre le mauve et le turquoise ; mon frère, lui, avait une prédilection pour le vert très pâle.

L'air était tiède, et Roger Vincent n'avait pas rabattu la capote de la voiture. Il parlait à la petite Hélène, et je pensais trop à ces autos tamponneuses que nous venions de découvrir pour écouter leur conversation de grandes personnes. Nous longions l'aérodrome et nous allions bientôt tourner à gauche et suivre la route en pente qui menait au village. Ils ont élevé la voix. Ils ne se disputaient pas, ils parlaient tout simplement d'Andrée K.

– Mais si… a dit Roger Vincent. Andrée fréquentait la bande de la rue Lauriston…

« Andrée fréquentait la bande de la rue Lauriston. » Cette phrase m'avait frappé. Nous aussi, à l'école, nous formions une bande : le fils du fleuriste, le fils du coiffeur et deux ou trois autres dont je ne me souviens plus et qui habitaient tous la même rue. On nous appelait : « La bande de la rue du Docteur-Dordaine. » Andrée K. avait fait partie d'une bande, comme nous, mais dans une autre rue. Cette femme qui nous intimidait, mon frère et moi, avec sa frange, ses taches de son, ses yeux verts, ses cigarettes et ses mystérieux coups de téléphone, elle me semblait plus proche de nous, brusquement. Roger Vincent et la petite Hélène avaient l'air de bien connaître aussi cette « bande de la rue Lauriston ». Par la suite, j'ai surpris encore ce nom dans leur conversation et je me suis habitué à sa sonorité. Quelques années plus tard, je l'ai entendu dans la bouche de mon père, mais j'ignorais que « la bande de la rue Lauriston » me hanterait si longtemps.

Quand nous sommes arrivés rue du Docteur-Dordaine, la quatre-chevaux d'Annie était là. Derrière elle, il y avait une grosse moto. Dans le couloir de l'entrée, Jean D. nous a dit que cette moto lui appartenait et que ce soir il était venu avec elle de Paris jusqu'à la maison. Il n'avait pas encore ôté sa canadienne. Il nous a promis qu'il nous emmènerait sur la moto, chacun à notre tour, mais, ce soir, il était trop tard. Blanche-Neige rentrerait demain matin. Mathilde était allée se coucher, et Annie nous a demandé de monter un instant dans notre chambre car ils devaient parler entre eux. Roger Vincent est entré dans le salon, sa valise de cuir à la main. La petite Hélène, Annie et Jean D. l'ont suivi, et ils ont fermé la porte derrière eux. Je les avais regardés du haut de l'escalier. Que pouvaient-ils bien se dire, dans le salon ? J'ai entendu sonner le téléphone.

Au bout d'un certain temps, Annie nous a appelés. Nous avons tous dîné ensemble à la table de la salle à manger : Annie, la petite Hélène, Jean D., Roger Vincent et nous deux. Ce soir-là, au dîner, nous ne portions pas nos robes de chambre, comme d'habitude, mais nos vêtements de la journée. La petite Hélène préparait la cuisine parce qu'elle était un véritable cordon-bleu.

Nous sommes restés beaucoup plus d'un an rue du Docteur-Dordaine. Les saisons se succèdent dans mon souvenir. L'hiver, à la messe de minuit, nous avons été enfants de chœur dans l'église du village. Annie, la petite Hélène et Mathilde assistaient à la messe. Blanche-Neige passait Noël dans sa famille. Au retour, Roger Vincent était à la maison et il nous a dit que quelqu'un nous attendait au salon. Nous sommes entrés, mon frère et moi, et nous avons vu, assis sur le fauteuil au tissu à fleurs près du téléphone, le Père Noël. Il ne parlait pas. Il nous tendait en silence à chacun des paquets enveloppés de papier d'argent. Mais nous n'avions pas le temps de les déballer. Il se levait et nous faisait signe de le suivre. Lui et Roger Vincent nous entraînaient jusqu'à la porte vitrée qui donnait sur la cour. Roger Vincent allumait l'ampoule de la cour. Sur les planches de bois que nous avions disposées les unes à côté des autres, il y avait une auto tamponneuse de couleur vert pâle – comme mon frère les aimait. Ensuite, nous avons dîné avec eux. Jean D. est venu nous rejoindre. Il avait la même taille et les mêmes gestes que le Père Noël. Et la même montre.

La neige dans la cour de récréation de l'école. Et les giboulées de mars. J'avais découvert qu'il pleuvait un jour sur deux et je pouvais prévoir le temps. Je tombais toujours juste. Pour la première fois de notre vie, nous sommes allés au cinéma. Avec Blanche-Neige. C'était un film de Laurel et Hardy. Les pommiers du jardin ont refleuri. De nouveau, j'accompagnais la bande de la rue du Docteur-Dordaine jusqu'au moulin dont la grande roue tournait encore. Les parties de cerf-volant ont recommencé, devant le château. Nous n'avions plus peur, mon frère et moi, d'entrer dans le hall et d'y marcher parmi les gravats et les feuilles mortes. Nous nous installions, tout au fond, dans l'ascenseur, un ascenseur aux deux battants grillagés, au bois clair et lambrissé, avec une banquette de cuir rouge. Il n'avait pas de plafond, et le jour venait du haut de la cage, de la verrière encore intacte. Nous appuyions sur les boutons et nous faisions semblant de monter aux étages où peut-être le marquis Eliot Salter de Caussade nous attendait.

Mais on ne l'a pas vu au village, cette année-là. Il a fait très chaud. Les mouches se prenaient au papier collant tendu sur le mur de la cuisine. Nous avons organisé un pique-nique en forêt avec Blanche-Neige et le neveu de Frede. Ce que nous préférions, mon frère et moi, c'était d'essayer de faire glisser l'auto tamponneuse sur les vieilles planches – cette auto tamponneuse dont nous avons su plus tard que la petite Hélène l'avait trouvée grâce à un forain de ses amis.

Pour le 14 juillet, Roger Vincent nous a invités à dîner à l'auberge Robin des Bois. Il était venu de Paris avec Jean D. et Andrée K. Nous occupions une table du jardin de l'auberge, un jardin orné de bosquets et de statues. Tout le monde était là : Annie, la petite Hélène, Blanche-Neige et même Mathilde. Annie portait sa robe bleu pâle et sa grande ceinture noire qui la serrait très fort à la taille. J'étais assis à côté d'Andrée K. et j'avais envie de lui poser des questions sur la bande qu'elle avait fréquentée, celle de la rue Lauriston. Mais je n'osais pas.

Et l'automne… Nous allions avec Blanche-Neige ramasser les châtaignes de la forêt. Nous n'avions plus de nouvelles de nos parents. La dernière carte postale de notre mère était une vue aérienne de la ville de Tunis. Notre père nous avait écrit de Brazzaville. Puis de Bangui. Et puis, plus rien. C'était la rentrée des classes. L'instituteur, après la gymnastique, nous faisait ratisser les feuilles mortes de la cour de récréation. Nous les laissions tomber sans les ratisser dans la cour de la maison, et elles prenaient une couleur rouille qui tranchait sur le vert pâle de l'auto tamponneuse. Celle-ci semblait bloquée jusqu'à la fin des temps au milieu d'une piste de feuilles mortes. Nous nous asseyions dans l'auto tamponneuse, mon frère et moi, et je m'appuyais sur le volant. Demain, nous allions découvrir un système pour la faire glisser. Demain… Toujours demain, comme ces visites sans cesse remises, la nuit, au château du marquis de Caussade.

Il y a eu, de nouveau, une panne d'électricité, et nous nous éclairions avec une lampe à huile, pour le dîner. Le samedi soir, Mathilde et Blanche-Neige allumaient un feu dans la cheminée de la salle à manger et elles nous laissaient écouter la radio. Quelquefois, nous entendions chanter Edith, l'amie de Roger Vincent et de la petite Hélène. Le soir, avant de m'endormir, je feuilletais l'album de la petite Hélène, où elle figurait, elle et ses camarades de travail. Deux d'entre eux m'impressionnaient : l'Américain Chester Kingston, aux membres aussi souples que du caoutchouc et qui se disloquait si bien qu'on l'appelait « l'homme puzzle ». Et Alfredo Codona, le trapéziste dont la petite Hélène nous parlait souvent et qui lui avait appris le métier. Ce monde du cirque et du music-hall était le seul où nous voulions vivre plus tard, mon frère et moi, peut-être parce que notre mère nous emmenait, quand nous étions petits, dans les loges et les coulisses des théâtres.

Les autres venaient toujours à la maison. Roger Vincent, Jean D., Andrée K… Et ceux qui sonnaient à la porte, le soir, et dont j'épiais, à travers les fentes des persiennes, les visages éclairés par l'ampoule de l'entrée. Des voix, des rires et des sonneries de téléphone. Et Annie et Jean D., dans la quatre-chevaux, sous la pluie.

Au cours des années suivantes, je ne les ai plus jamais revus, sauf, une fois, Jean D. J'avais vingt ans. J'habitais une chambre, rue Coustou, près de la place Blanche. J'essayais d'écrire un premier livre. Un ami m'avait invité à dîner dans un restaurant du quartier. Quand je l'ai rejoint, il était entouré par deux convives : Jean D. et une fille qui l'accompagnait.

Jean D. avait à peine vieilli. Quelques cheveux gris aux tempes, mais toujours sa brosse longue. De minuscules rides autour des yeux. Il ne portait plus de canadienne mais un complet gris très élégant. J'ai pensé que nous n'étions plus les mêmes, lui et moi. Pendant tout le repas, nous n'avons fait aucune allusion aux jours anciens. Il m'a demandé à quoi je m'occupais dans la vie. Il me tutoyait et m'appelait : Patrick. Il avait certainement expliqué aux deux autres qu'il me connaissait depuis longtemps.

Moi, j'en savais un peu plus sur lui qu'à l'époque de mon enfance. Cette année-là, l'enlèvement d'un homme politique marocain avait défrayé la chronique. L'un des protagonistes de l'affaire était mort dans des circonstances mystérieuses, rue Des Renaudes, au moment où les policiers forçaient sa porte. Jean D. était un ami de ce personnage et le dernier à l'avoir vu vivant. Il avait témoigné de cela et on en avait parlé dans les journaux. Mais les articles contenaient d'autres détails : Jean D. avait fait, jadis, sept ans de prison. On ne précisait pas pourquoi, mais, d'après la date, ses ennuis avaient commencé au temps de la rue du Docteur-Dordaine.

Nous n'avons pas dit un seul mot au sujet de ces articles. Je lui ai simplement demandé s'il habitait Paris.

– J'ai un bureau, Faubourg Saint-Honoré. Il faudrait que tu viennes me voir…

Après le dîner, mon ami s'est éclipsé. Je me suis retrouvé seul avec Jean D. et la fille qui l'accompagnait, une brune qui devait avoir une dizaine d'années de moins que lui.

– Je te dépose quelque part ?

Il ouvrait la portière d'une Jaguar garée devant le restaurant. J'avais appris, par les articles, qu'on l'appelait, dans un certain milieu, « le Grand à la Jaguar ». Je cherchais, depuis le début du dîner, une entrée en matière pour lui demander des éclaircissements sur un passé qui demeurait jusqu'à ce jour une énigme.

– C'est à cause de cette voiture qu'on t'appelle « le Grand à la Jaguar » ? lui ai-je dit.

Mais il a haussé les épaules sans me répondre.

Il a voulu visiter ma chambre, rue Coustou. Lui

et la fille ont gravi, derrière moi, le petit escalier dont le tapis rouge usé sentait une drôle d'odeur. Ils sont entrés dans la chambre, et la fille s'est assise sur l'unique siège – un fauteuil d'osier. Jean D., lui, est resté debout.

C'était étrange de le voir dans cette chambre, vêtu de son complet gris très élégant et d'une cravate de soie sombre. La fille regardait autour d'elle et ne semblait pas enthousiasmée par le décor.

– Tu écris ? Ça marche ?

Il s'était penché vers la table de bridge et considérait les feuilles de papier que j'essayais de remplir, jour après jour.

– Tu écris à la pointe Bic ?

Il me souriait.

– Ce n'est pas chauffé, ici ?

– Non.

– Et tu te débrouilles ?

Que lui dire ? Je ne savais pas comment payer le loyer de cette chambre à la fin du mois : cinq cents francs. Bien sûr, nous nous connaissions depuis très longtemps, mais ce n'était pas une raison pour lui confier mes soucis.

– Je me débrouille, lui ai-je dit.

– Ça n'a pas l'air.

Pendant un moment, nous étions face à face dans l'embrasure de la fenêtre. Bien qu'on l'appelât « le Grand à la Jaguar », j'étais maintenant un peu plus grand que lui. Il m'a enveloppé d'un regard affectueux et naïf, le même que du temps de la rue du Docteur-Dordaine. Il a roulé sa langue entre ses lèvres, et je me suis souvenu qu'il le faisait aussi, à la maison, quand il réfléchissait. Cette manière de rouler la langue entre ses lèvres et d'être perdu dans ses pensées, je l'ai remarquée plus tard chez quelqu'un d'autre que Jean D. : Emmanuel Berl. Et cela m'a ému.

Il se taisait. Moi aussi. Son amie était toujours assise sur le fauteuil d'osier et feuilletait un magazine qui traînait sur le lit et qu'elle avait pris au passage. Il valait mieux, au fond, que cette fille soit là, sinon nous aurions parlé, Jean D. et moi. Ce n'était pas facile, je l'ai lu dans son regard. Aux premiers mots, nous aurions été comme les pantins des stands de tir qui s'écroulent quand la balle a frappé le point sensible. Annie, la petite Hélène, Roger Vincent avaient certainement fini en prison… J'avais perdu mon frère. Le fil avait été brisé. Un fil de la Vierge. Il ne restait rien de tout ça…

Il s'est retourné vers son amie et il lui a dit :

– Il y a une belle vue ici… C'est vraiment la Côte d'Azur…

La fenêtre donnait sur l'étroite rue Puget, où personne ne passait jamais. Un bar glauque, au coin de la rue, un ancien Vins et Charbons, devant lequel une fille solitaire faisait le guet. Toujours la même. Et pour rien.

– Belle vue, non ?

Jean D. inspectait la chambre, le lit, la table de bridge sur laquelle j'écrivais tous les jours. Je le voyais de dos. Son amie appuyait le front à la vitre et contemplait, en bas, la rue Puget.

Ils ont pris congé en me souhaitant bon courage. Quelques instants plus tard, je découvrais sur la table de bridge quatre billets de cinq cents francs soigneusement pliés. J'ai essayé de trouver l'adresse de son bureau, Faubourg Saint-Honoré. En vain. Et je n'ai plus jamais revu le Grand à la Jaguar.

Les jeudis et les samedis, quand Blanche-Neige n'était pas là, Annie nous emmenait à Paris, mon frère et moi, dans sa quatre-chevaux. Le trajet était toujours le même et, grâce à quelques efforts de mémoire, j'ai réussi à le reconstituer. Nous suivions l'autoroute de l'Ouest et nous passions sous le tunnel de Saint-Cloud. Nous traversions un pont sur la Seine, puis nous longions les quais de Boulogne et de Neuilly. Je me souviens des grandes maisons, le long de ces quais, abritées par des grilles et par les feuillages ; des péniches et des villas flottantes auxquelles on accédait par des escaliers de bois : chacune portait un nom sur une boîte à lettres, au début des escaliers.

– Je vais acheter une péniche ici, et nous habiterons tous dessus, disait Annie.

Nous arrivions Porte Maillot. J'ai pu localiser cette étape de notre itinéraire, à cause du petit train du Jardin d'Acclimatation. Annie nous y avait fait monter un après-midi. Et nous parvenions au terme du voyage, dans cette zone où Neuilly, Levallois et Paris se confondent.

C'était une rue bordée d'arbres dont les feuillages formaient une voûte. Pas d'immeubles dans cette rue, mais des hangars et des garages. Nous nous arrêtions devant le garage le plus grand et le plus moderne, avec une façade beige à fronton.

À l'intérieur, une pièce était protégée par des vitres. Un homme nous attendait là, un blond aux cheveux bouclés, assis derrière un bureau métallique, sur un fauteuil de cuir. Il avait l'âge d'Annie. Ils se tutoyaient. Il était vêtu, comme Jean D., d'une chemise à carreaux, d'un blouson de daim, d'une canadienne en hiver et de chaussures à semelles de crêpe. Mon frère et moi, nous l'appelions entre nous « Buck Danny » parce que je lui trouvais une ressemblance avec un personnage d'un illustré pour enfants que je lisais à l'époque.

Que pouvaient bien se raconter Annie et Buck Danny ? Que pouvaient-ils faire quand la porte du bureau était fermée à clé de l'intérieur et qu'un store de toile orange avait été rabattu derrière les vitres ? Mon frère et moi, nous nous promenions à travers le garage, plus mystérieux encore que le hall du château déserté par Eliot Salter, marquis de Caussade. Nous contemplions les unes après les autres des voitures auxquelles il manquait un garde-boue, un capot, le pneu d'une roue ; un homme en salopette était allongé sous un cabriolet et réparait quelque chose avec une clé anglaise ; un autre, un tuyau à la main, remplissait d'essence le réservoir d'un camion qui s'était arrêté dans un ronflement terrible de moteur. Un jour, nous avons reconnu la voiture américaine de Roger Vincent, le capot ouvert, et nous en avons conclu que Buck Danny et Roger Vincent étaient des amis.

Quelquefois, nous allions chercher Buck Danny à son domicile, dans un bloc d'immeubles le long d'un boulevard, et il me semble aujourd'hui que c'était le boulevard Berthier. Nous attendions Annie sur le trottoir. Elle nous rejoignait avec Buck Danny. Nous laissions la quatre-chevaux garée devant le bloc d'immeubles et nous marchions, tous les quatre, jusqu'au garage, par les petites rues bordées d'arbres et de hangars.

Il faisait frais dans ce garage, et l'odeur de l'essence était plus forte que celle de l'herbe mouillée et de l'eau, quand nous nous tenions immobiles devant la roue du moulin. Il flottait la même pénombre, dans certains coins où dormaient des autos abandonnées. Leurs carrosseries luisaient doucement dans cette pénombre, et je ne pouvais pas détacher les yeux d'une plaque métallique fixée au mur, une plaque jaune sur laquelle je lisais un nom de sept lettres en caractères noirs, dont le dessin et la sonorité me remuent encore le cœur aujourd'hui : CASTROL.

Un jeudi, elle m'a emmené seul dans sa quatre-chevaux. Mon frère était allé faire des courses à Versailles avec la petite Hélène. Nous nous sommes arrêtés devant le bloc d'immeubles où habitait Buck Danny. Mais, cette fois, elle est revenue sans lui.

Au garage, il n'était pas dans son bureau. Nous sommes remontés dans la quatre-chevaux. Nous suivions les petites rues du quartier. Nous nous sommes perdus. Nous tournions dans ces rues qui se ressemblaient toutes avec leurs arbres et leurs hangars.

Elle a fini par s'arrêter près d'un pavillon de brique dont je me demande aujourd'hui s'il n'était pas l'ancien octroi de Neuilly. Mais à quoi bon essayer de retrouver les lieux ? Elle s'est retournée et elle a tendu le bras vers la banquette arrière pour y prendre un plan de Paris et un autre objet qu'elle m'a montré et dont j'ignorais l'usage : un étui à cigarettes en crocodile marron.

– Tiens, Patoche… Je te le donne… Ça te servira plus tard…

Je contemplais l'étui en crocodile. Il avait une armature métallique à l'intérieur et contenait deux cigarettes au parfum très doux de tabac blond. Je les ai sorties de l'étui et, au moment où j'allais la remercier pour ce cadeau et lui rendre les deux cigarettes, j'ai vu son visage, de profil. Elle regardait droit devant elle. Une larme coulait sur sa joue. Je n'osais rien dire, et la phrase du neveu de Frede résonnait dans ma tête : « Annie a pleuré toute la nuit au Carroll's. »

Je tripotais l'étui à cigarettes. J'attendais. Elle a tourné son visage vers moi. Elle me souriait.

– Ça te fait plaisir ?

Et, d'un geste brusque, elle a démarré. Elle avait toujours des gestes brusques. Elle portait toujours des blousons et des pantalons de garçon. Sauf le soir. Ses cheveux blonds étaient très courts. Mais il y avait chez elle tant de douceur féminine, une si grande fragilité… Sur le chemin du retour, je pensais à son visage grave, quand elle restait avec Jean D. dans la quatre-chevaux sous la pluie.

Je suis retourné dans ce quartier, il y a vingt ans, à peu près à l'époque où j'avais revu Jean D. Un mois de juillet et un mois d'août, j'ai habité une minuscule chambre mansardée, square de Graisivaudan. Le lavabo touchait le lit. Le bout de celui-ci était à quelques centimètres de la porte et, pour entrer dans la chambre, il fallait se laisser basculer sur le lit. J'essayais de terminer mon premier livre. Je me promenais à la lisière du XVIIe arrondissement, de Neuilly et de Levallois, là où Annie nous emmenait, mon frère et moi, les jours de congé. Toute cette zone indécise dont on ne savait plus si c'était encore Paris, toutes ces rues ont été rayées de la carte au moment de la construction du périphérique, emportant avec elles leurs garages et leurs secrets.

Je n'ai pas pensé un seul instant à Annie quand j'habitais ce quartier que nous avions si souvent parcouru ensemble. Un passé plus lointain me hantait, à cause de mon père.

Il avait été arrêté un soir de février dans un restaurant de la rue de Marignan. Il n'avait pas de papiers sur lui. La police opérait des contrôles à cause d'une nouvelle ordonnance allemande : interdiction aux Juifs de se trouver dans les lieux publics après vingt heures. Il avait profité de la pénombre et d'un instant d'inattention des policiers devant le panier à salade pour s'enfuir.

L'année suivante, on l'avait appréhendé à son domicile. On l'avait conduit au Dépôt, puis dans une annexe du camp de Drancy, à Paris, quai de la Gare, un gigantesque entrepôt de marchandises où étaient réunis tous les biens juifs que pillaient les Allemands : meubles, vaisselle, linge, jouets, tapis, objets d'art disposés par étages et par rayons comme aux Galeries Lafayette. Les internés vidaient au fur et à mesure les caisses qui arrivaient et ils remplissaient d'autres caisses en partance pour l'Allemagne.

Une nuit, quelqu'un était venu en voiture, quai de la Gare, et avait fait libérer mon père. Je m'imaginais – à tort ou à raison – que c'était un certain Louis Pagnon qu'on appelait « Eddy », fusillé à la Libération avec les membres de la bande de la rue Lauriston dont il faisait partie.

Oui, quelqu'un a sorti mon père du « trou », selon l'expression qu'il avait employée lui-même un soir de mes quinze ans où j'étais seul avec lui et où il se laissait aller jusqu'au bord des confidences. J'ai senti, ce soir-là, qu'il aurait voulu me transmettre son expérience des choses troubles et douloureuses de la vie, mais qu'il n'y avait pas de mots pour cela. Pagnon ou un autre ? Il me fallait bien une réponse à mes questions. Quel lien pouvait exister entre cet homme et mon père ? Un ancien camarade de régiment ? Une rencontre fortuite d'avant-guerre ? À l'époque où j'habitais square de Graisivaudan, je voulais élucider cette énigme en essayant de retrouver les traces de Pagnon. On m'avait donné l'autorisation de consulter de vieilles archives. Il était né à Paris dans le Xe arrondissement, entre la République et le canal Saint-Martin. Mon père avait passé lui aussi son enfance dans le Xe arrondissement, mais un peu plus loin, du côté de la cité d'Hauteville. S'étaient-ils rencontrés à l'école communale du quartier ? En 1932, Pagnon avait été condamné à une peine légère par le tribunal correctionnel de Mont-de-Marsan pour « tenue de maison de jeu ». De 1937 à 1939, il avait été employé de garage dans le XVIIe arrondissement. Il avait connu un certain Henri, agent des automobiles Simca, qui habitait du côté de la Porte des Lilas ; et un nommé Edmond Delehaye, chef d'atelier chez Savary, un carrossier d'Aubervilliers. Les trois hommes se voyaient souvent, ils travaillaient tous les trois dans l'automobile. La guerre est venue, et l'Occupation. Henri avait organisé une officine de marché noir. Edmond Delehaye lui servait de secrétaire, et Pagnon de chauffeur. Ils se sont installés dans un hôtel particulier, rue Lauriston, près de l'Étoile, avec d'autres individus peu recommandables. Ces mauvais garçons – selon l'expression de mon père – ont glissé peu à peu dans l'engrenage : des affaires de marché noir, ils se sont laissé entraîner par les Allemands à des besognes de basse police.

Pagnon avait participé à un trafic que le rapport d'enquête nommait « l'affaire des chaussettes de

Biarritz». Il s'agissait d'une grande quantité de chaussettes que Pagnon allait collecter chez différents contrebandiers de la région. Il les conditionnait en paquets de douze paires et les déposait à proximité de la gare de Bayonne. On en avait rempli six wagons. Dans le Paris vide de l'Occupation, Pagnon roulait en voiture, il avait acheté un cheval de course, il habitait un meublé de luxe rue des Belles-Feuilles et il avait pour maîtresse la femme d'un marquis. Il fréquentait, avec elle, les manèges de Neuilly, Barbizon, l'auberge du Fruit Défendu à Bougival… Quand mon père avait-il connu Pagnon ? Au moment de l'affaire des chaussettes de Biarritz ? Qui sait ? Un après-midi de 1939, dans le XVIIe arrondissement, mon père s'était arrêté devant un garage pour qu'on change le pneu de sa Ford, et Pagnon était là. Ils avaient parlé ensemble, Pagnon lui avait peut-être demandé un service ou un conseil, ils étaient allés boire un verre au café voisin avec Henri et Edmond Delehaye… On fait souvent d'étranges rencontres dans la vie.

J'avais traîné du côté de la Porte des Lilas, dans l'espoir qu'on se souvenait encore d'un agent des automobiles Simca qui habitait par là, vers 1939. Un certain Henri. Mais non. Cela n'évoquait rien pour personne. À Aubervilliers, avenue Jean-Jaurès, les carrosseries Savary qui employaient Edmond Delehaye n'existaient plus depuis longtemps. Et le garage du XVIIe arrondissement où travaillait Pagnon ? Si je parvenais à le découvrir, un ancien mécano me parlerait de Pagnon et – je l'espérais – de mon père. Et je saurais enfin tout ce qu'il fallait savoir, et que mon père savait, lui.

J'avais dressé une liste des garages du XVIIe, avec une préférence pour ceux qui étaient situés à la lisière de l'arrondissement. J'avais l'intuition que c'était dans l'un d'eux que travaillait Pagnon :

Garage des Réservoirs
Société Ancienne du Garage-Auto-Star
Van Zon
Vicar et Cie
Villa de l'Auto
Garage Côte d'Azur
Garage Caroline
Champerret-Marly-Automobiles
Cristal Garage
De Korsak
Eden Garage
L'Étoile du Nord
Auto-Sport Garage
Garage Franco-Américain
S.O.C.O.V.A.
Majestic Automobiles
Garage des Villas
Auto-Lux
Garage Saint-Pierre
Garage de la Comète
Garage Bleu
Matford-Automobiles
Diak
Garage du Bois des Caures
As Garage

Dixmude-Palace-Auto
Buffalo-Transports
Duvivier (R) S.A.R.L.
Autos-Remises
Lancien Frère
Garage aux Docks de la Jonquière

Aujourd'hui, je me dis que le garage où m'emmenait Annie avec mon frère doit figurer sur la liste. C'était peut-être le même que celui de Pagnon. Je revois les feuillages des arbres de la rue, la grande façade beige à fronton… Ils l'ont démoli avec les autres, et toutes ces années n'auront été, pour moi, qu'une longue et vaine recherche d'un garage perdu.

Annie m'emmenait dans un autre quartier de Paris qu'il m'a été facile, plus tard, de reconnaître : à Montmartre, avenue Junot. Elle arrêtait la quatre-chevaux devant un petit immeuble blanc avec une porte vitrée en fer forgé. Elle me disait d'attendre. Elle n'en aurait pas pour longtemps. Elle entrait dans l'immeuble.

Je me promenais sur le trottoir de l'avenue. Peut-être le goût que j'ai toujours éprouvé pour ce quartier date-t-il de cette époque. Un escalier à pic rejoignait une autre rue, en contrebas, et je m'amusais à le descendre. Rue Caulaincourt, je faisais quelques mètres à pied, mais je ne m'aventurais pas trop loin. Je remontais vite l'escalier de crainte qu'Annie ne s'en aille dans sa quatre-chevaux et ne me laisse seul.

Mais c'était moi qui arrivais le premier et je devais encore l'attendre, comme nous l'attendions dans le garage, quand le store orange était tiré derrière la vitre du bureau de Buck Danny. Elle sortait de l'immeuble avec Roger Vincent. Il me souriait. Il feignait de me rencontrer par hasard.

– Tiens… Qu'est-ce que tu fais dans le quartier ?

Les jours suivants, il disait à Andrée K., à Jean D. ou à la petite Hélène :

– C'est drôle… J'ai rencontré Patoche à Montmartre… Je me demande ce qu'il pouvait bien faire là-bas…

Et il se tournait vers moi :

– Ne leur dis rien. Moins on parle, mieux on se porte.

Avenue Junot, Annie l'embrassait. Elle l'appelait « Roger Vincent » et elle le vouvoyait, mais elle l'embrassait.

– Un jour, je t'inviterai chez moi, me disait Roger Vincent. J'habite ici…

Et il me désignait la porte de fer forgé du petit immeuble blanc.

Nous marchions tous les trois sur le trottoir. Sa voiture américaine n'était pas garée devant chez lui, et je lui ai demandé pourquoi.

– Je la laisse au garage d'en face…

Nous passions devant l'hôtel Alsina, près des escaliers. Un jour, Annie a dit :

– C'est là que j'ai habité, au début, avec la petite Hélène et Mathilde… Si vous aviez vu la tête de Mathilde…

Roger Vincent souriait. Et moi, sans m'en rendre compte, j'écoutais toutes leurs paroles et elles se gravaient dans ma mémoire.

Bien plus tard, je me suis marié et j'ai habité quelques années dans ce quartier. Je remontais presque tous les jours l'avenue Junot. Un après-midi, cela m'a pris, comme ça : j'ai poussé le portail vitré de l'immeuble blanc. J'ai sonné à la porte du concierge. Un homme roux a glissé la tête dans l'entrebâillement de la porte.

– Vous désirez ?

– C'est au sujet de quelqu'un qui habitait dans l'immeuble, il y a une vingtaine d'années…

– Ah, mais je n'étais pas encore là, monsieur…

– Vous ne savez pas comment je pourrais avoir des renseignements sur lui ?

– Adressez-vous au garage d'en face. Ils ont connu tout le monde, eux.

Mais je ne me suis pas adressé au garage d'en face. J'avais consacré tant de journées à chercher des garages dans Paris sans les trouver que je n'y croyais plus.

En été, les jours rallongent, et Annie, moins sévère que Blanche-Neige, nous laissait jouer, le soir, dans l'avenue en pente douce, devant la maison. Ces soirs-là, nous ne mettions pas nos robes de chambre. Après le dîner, Annie nous accompagnait jusqu'à la porte de la maison et me donnait son bracelet-montre :

– Vous pouvez jouer jusqu'à neuf heures et demie… À neuf heures et demie, vous rentrez… Tu regardes bien l'heure, Patoche… Je compte sur toi…

Quand Jean D. était là, il me confiait son énorme montre. Il la réglait de telle manière qu'à neuf heures et demie pile une petite sonnerie – comme celle d'un réveil – nous annonçait l'heure de retourner à la maison.

Nous descendions tous les deux l'avenue jusqu'à la route où quelques rares voitures passaient encore. À une centaine de mètres, vers la droite, la gare, un petit bâtiment délabré avec des colombages, ressemblait à une villa de bord de mer. Devant elle, une esplanade déserte bordée par des arbres et par le CAFÉ DE LA GARE.

Un jeudi, mon père n'était pas venu en voiture avec l'un de ses amis, mais en train. À la fin de l'après-midi, nous l'avions raccompagné tous les deux à la gare. Et, comme nous étions en avance sur l'horaire, il nous avait invités à la terrasse du Café de la Gare. Mon frère et moi, nous avions bu un Coca-Cola et, lui, une fine à l'eau.

Il avait payé les consommations et il s'était levé pour aller prendre son train. Avant de nous quitter, il avait dit :

– N'oubliez pas… Si, par hasard, vous voyez le marquis de Caussade au château, faites-lui bien des amitiés de la part d'Albert…

Au coin de la route et de l'avenue, protégés par un massif de troènes, nous surveillions la gare. De temps en temps, un groupe de voyageurs en sortait et se dispersait dans la direction du village, du moulin de Bièvre, des Mets. Les voyageurs étaient de plus en plus rares. Bientôt, une seule et unique personne traversait l'esplanade. Le marquis de Caussade ? Décidément, cette nuit, il faudrait que nous tentions la grande aventure et que nous allions au château. Mais nous savions bien que ce projet serait sans cesse remis au lendemain.

Nous restions un long moment immobiles devant les haies qui protégeaient l'auberge Robin des Bois. Nous écoutions les conversations des dîneurs, assis aux tables du jardin. Ils étaient dissimulés par les haies, mais nous entendions leurs voix, toutes proches. Nous entendions le cliquetis des couverts, le pas des serveurs crisser sur le gravier. L'odeur de certains plats se mêlait au parfum des troènes. Mais celui-ci était le plus fort. Toute l'avenue sentait le troène.

Là-haut, le *bow-window* du salon s'allumait. La voiture américaine de Roger Vincent était garée devant la maison. Ce soir-là, il était venu avec Andrée K., « la femme du grand toubib », celle qui avait fréquenté la bande de la rue Lauriston et qui tutoyait Roger Vincent. Il n'était pas encore neuf heures et demie, mais Annie sortait de la maison, sa robe bleu pâle serrée à la taille. Nous traversions de nouveau l'avenue, le plus vite possible, en nous baissant, et nous nous cachions derrière les buissons du petit bois qui s'étendait après le temple protestant. Annie se rapprochait. Ses cheveux blonds faisaient une tache dans le crépuscule. Nous entendions son pas. Elle essayait de nous trouver. C'était un jeu entre nous. Chaque fois, nous nous cachions à un endroit différent, dans ce terrain abandonné que les arbres et la végétation avaient envahi. Elle finissait par découvrir notre cachette, parce que nous avions une crise de fou rire quand elle se rapprochait trop. Nous revenions à la maison, tous les trois. C'était une enfant, comme nous.

Quelques phrases vous restent gravées dans l'esprit pour toujours. Un après-midi, se tenait une sorte de kermesse dans la cour du temple protestant, en face de la maison. De la fenêtre de notre chambre, nous avions une vue plongeante sur les petits stands autour desquels se pressaient des enfants et leurs parents. Au déjeuner, Mathilde m'avait dit :

– Ça te plairait d'aller à la fête du temple, imbécile heureux ?

Elle nous y avait emmenés. Nous avions pris un ticket de loterie et nous avions gagné deux paquets de nougatine. Au retour, Mathilde m'avait dit :

– On vous a laissés entrer à la fête parce que, moi, je suis protestante, imbécile heureux !

Elle était aussi sévère que d'habitude et elle portait son camée et sa robe noire.

– Et dis-toi bien une chose : les protestants voient tout ! On ne peut rien leur cacher ! Ils n'ont pas simplement deux yeux ! Ils en ont un aussi derrière la tête ! Tu as compris ?

Elle me désignait du doigt son chignon.

– Tu as compris, imbécile heureux ? Un œil derrière la tête !

Désormais, mon frère et moi, nous nous sentions gênés en sa présence, et surtout quand nous passions derrière elle. J'ai mis longtemps à comprendre que les protestants étaient des gens comme les autres, et, chaque fois que j'en rencontrais un, à ne pas changer de trottoir.

Jamais plus aucune phrase n'aura pour nous un tel écho. C'était comme le sourire de Roger Vincent. Je n'ai plus jamais rencontré un sourire semblable. Même en l'absence de Roger Vincent, son sourire flottait dans l'air. Je me souviens d'une autre phrase que m'avait dite Jean D. Un matin, il m'avait emmené sur sa moto jusqu'à la route de Versailles. Il n'allait pas trop vite, et je le tenais par sa canadienne. Au retour, nous nous sommes arrêtés devant l'auberge Robin des Bois. Il voulait acheter des cigarettes. La patronne se trouvait seule au bar de l'auberge, une femme blonde, jeune et très jolie qui n'était pas celle que mon père avait connue, du temps où il venait dans cette auberge avec Eliot Salter, marquis de Caussade, et peut-être avec Eddy Pagnon.

– Un paquet de Balto, a demandé Jean D.

La patronne lui a tendu le paquet de cigarettes en nous lançant un sourire à tous les deux. Quand nous sommes sortis de l'auberge, Jean D. m'a dit d'une voix grave :

– Tu vois, mon petit vieux… Les femmes… Ça paraît formidable de loin… Mais, de près… Il faut se méfier…

Il avait un air triste, brusquement.

Un jeudi, nous jouions sur la butte, à côté du château. La petite Hélène, assise sur le banc qui était d'ordinaire la place de Blanche-Neige, nous surveillait. Nous escaladions les branches des pins. J'étais monté trop haut dans l'arbre et, en grimpant d'une branche à l'autre, j'avais failli tomber. Quand je suis descendu de l'arbre, la petite Hélène était toute pâle. Elle portait ce jour-là son pantalon de cheval et son boléro incrusté de nacre.

– Ce n'est pas malin… Tu aurais pu te tuer…

Je ne l'avais jamais entendue parler sur ce ton brutal.

– Il ne faut plus que tu recommences…

J'étais si peu habitué à la voir en colère, que j'avais envie de pleurer.

– Moi, j'ai été obligée d'abandonner mon métier à la suite d'une bêtise comme ça…

Elle m'a pris par l'épaule et m'a entraîné jusqu'au banc de pierre sous les arbres. Elle m'a fait asseoir. Elle a sorti de la poche intérieure de son boléro un portefeuille en crocodile – de la même couleur que l'étui à cigarettes que m'avait donné Annie, et qui devait venir du même magasin. Et, de ce portefeuille, elle a extrait un papier qu'elle m'a tendu.

– Tu sais lire ?

C'était un article de journal, avec une photo. J'ai lu ce qui était écrit en grosses lettres : LA TRAPÉZISTE HÉLÈNE TOCH VICTIME D'UN GRAVE ACCIDENT. MUSTAPHA AMAR À SON CHEVET. Elle a repris l'article et elle l'a rangé dans le portefeuille.

– Ça arrive très vite, dans la vie, un accident… Moi, j'étais comme toi… Je ne savais pas… J'avais confiance…

Elle a paru regretter de m'avoir parlé comme à une grande personne :

– … Je vous invite à goûter… Nous allons chercher des gâteaux à la boulangerie…

Le long de la rue du Docteur-Dordaine, je restais un peu en arrière pour la regarder marcher. Elle boitait légèrement, et il ne m'était pas venu à l'esprit, jusque-là, qu'elle n'avait pas toujours boité. Ainsi, dans la vie, il arrive des accidents. Cette découverte me troublait beaucoup.

L'après-midi où j'étais allé seul à Paris dans la quatre-chevaux d'Annie et où elle m'avait offert l'étui à cigarettes en crocodile, nous avions fini par retrouver notre chemin dans les petites rues aujourd'hui détruites du XVIIe arrondissement. Nous suivions les quais de la Seine, comme d'habitude. Nous nous étions arrêtés un moment sur la berge, du côté de Neuilly et de l'île de Puteaux. Nous regardions, du haut des escaliers de bois qui donnaient accès à des pontons aux couleurs claires, les villas flottantes et les péniches transformées en appartements.

– Il va falloir que nous déménagions bientôt, Patoche… Et c'est là que je veux habiter…

Elle nous en avait déjà parlé, plusieurs fois. Nous étions un peu inquiets à la perspective de quitter la maison et le village. Mais, habiter à bord de l'une de ces péniches… Jour après jour, nous attendions le départ pour cette nouvelle aventure.

– On vous fera une chambre à tous les deux… Avec des hublots… Il y aura un grand salon et un bar…

Elle rêvait, à voix haute. Nous sommes remontés dans la quatre-chevaux. Après le tunnel de Saint-Cloud, sur l'autoroute, elle a tourné son visage vers moi. Elle m'enveloppait d'un regard encore plus clair que d'habitude.

– Tu sais ce que tu devrais faire ? Chaque soir, tu devrais écrire ce que tu as fait pendant la journée… Je t'achèterai un cahier pour ça…

C'était une bonne idée. J'enfonçais la main dans ma poche pour vérifier si j'avais toujours l'étui à cigarettes.

Certains objets disparaissent de votre vie, au premier moment d'inattention, mais cet étui à cigarettes m'est resté fidèle. Je savais qu'il serait toujours à portée de ma main, dans le tiroir d'une table de nuit, dans un casier de vestiaire, au fond d'un pupitre, dans la poche intérieure d'une veste. J'étais si sûr de lui, et de sa présence, que je finissais par l'oublier. Sauf aux heures de cafard. Alors, je le contemplais, sous tous les angles. C'était le seul objet qui témoignait d'une période de ma vie dont je ne pouvais parler à personne, et dont je me demandais quelquefois si je l'avais vraiment vécue.

Pourtant, j'ai failli le perdre un jour. Je me trouvais dans l'un de ces collèges où j'ai attendu que le temps passe jusqu'à l'âge de dix-sept ans. Mon étui à cigarettes excitait la convoitise de deux frères jumeaux qui appartenaient à la grande bourgeoisie. Ils avaient de multiples cousins dans les autres classes, et leur père portait le titre de « premier fusil de France ». S'ils se liguaient tous contre moi, je ne pourrais pas me défendre.

Le seul moyen de leur échapper, c'était de me

faire renvoyer, au plus vite, de ce collège. Je me suis évadé un matin, et j'en ai profité pour visiter Chantilly, Mortefontaine, Ermenonville et l'abbaye de Chaalis. Je suis revenu au collège à l'heure du dîner. Le directeur m'a annoncé mon renvoi, mais il n'avait pas réussi à joindre mes parents. Mon père était parti depuis quelques mois en Colombie, à la découverte d'un terrain aurifère qu'un ami lui avait signalé ; ma mère était en tournée du côté de La Chaux-de-Fonds. On m'a mis en quarantaine dans une chambre de l'infirmerie en attendant que quelqu'un vienne me chercher. Je n'avais pas le droit d'assister aux cours ni de prendre mes repas au réfectoire avec mes camarades. Cette sorte d'immunité diplomatique me mettait définitivement à l'abri des deux frères, de leurs cousins et du premier fusil de France. Chaque nuit, avant de m'endormir, je vérifiais sous mon oreiller la présence de mon étui à cigarettes en crocodile.

Cet objet aura une dernière fois attiré l'attention sur lui, quelques années plus tard. J'avais fini par suivre le conseil d'Annie quand elle me disait d'écrire, chaque jour, sur un cahier : je venais de terminer un premier livre. J'étais assis au zinc d'un café de l'avenue de Wagram. À côté de moi, debout, un homme d'une soixantaine d'années aux cheveux noirs, aux lunettes à monture très fine et à la tenue aussi soignée que ses mains. Depuis quelques minutes, je l'observais et je me demandais ce qu'il pouvait bien faire dans la vie.

Il avait prié le garçon de lui apporter un paquet de

cigarettes, mais on n'en vendait pas dans ce café. Je lui ai tendu mon étui en crocodile.

– Merci beaucoup, monsieur.

Il en a tiré une cigarette. Son regard restait fixé sur l'étui en crocodile.

– Vous permettez ?

Il me l'a pris des mains. Il le tournait et le retournait, les sourcils froncés.

– J'avais le même.

Il me l'a rendu et il me considérait d'un œil attentif.

– C'est un article dont on nous a volé tout le stock. Ensuite, nous ne l'avons plus vendu. Vous possédez une pièce de collection très rare, monsieur…

Il me souriait. Il avait travaillé en qualité de directeur dans une grande maroquinerie des Champs-Élysées, mais il était maintenant à la retraite.

– Ils ne se sont pas contentés des étuis comme celui-là. Ils ont cambriolé tout le magasin.

Il avait penché son visage vers moi et il me souriait toujours.

– Ne croyez pas que je vous soupçonne le moins du monde… Vous étiez trop jeune à l'époque…

– Il y a longtemps de cela ? lui ai-je demandé.

– Une quinzaine d'années.

– Et ils se sont fait prendre ?

– Pas tous. C'était des gens qui avaient fait des choses encore plus graves que ce cambriolage…

Des choses encore plus graves. Ces mots, je les connaissais déjà. La trapéziste Hélène Toch victime d'un GRAVE ACCIDENT. Et le jeune homme aux gros yeux bleus qui, plus tard, m'avait répondu : QUELQUE CHOSE DE TRÈS GRAVE.

Dehors, avenue de Wagram, je marchais avec une curieuse exaltation au cœur. Depuis très longtemps, c'était la première fois que je sentais la présence d'Annie. Elle marchait derrière moi, ce soir-là. Roger Vincent et la petite Hélène, eux aussi, devaient se trouver quelque part dans cette ville. Au fond, ils ne m'avaient jamais quitté.

Blanche-Neige est partie pour toujours sans nous prévenir. Au déjeuner, Mathilde m'a dit :

– Elle est partie parce qu'elle ne voulait plus s'occuper de toi, imbécile heureux !

Annie a haussé les épaules et m'a fait un clin d'œil.

– Tu dis des bêtises, maman ! Elle est partie parce qu'elle devait retourner dans sa famille.

Mathilde a plissé les yeux et a posé sur sa fille un regard méchant.

– On ne parle pas de cette façon à sa mère devant des enfants !

Annie faisait semblant de ne pas l'écouter. Elle nous souriait.

– Tu as entendu ? a dit Mathilde à sa fille. Tu finiras mal, toi ! Comme l'imbécile heureux !

De nouveau, Annie a haussé les épaules.

– Calmez-vous, Thilda, a dit la petite Hélène.

Mathilde m'a désigné du doigt son chignon, derrière sa tête.

– Tu sais ce que ça veut dire, hein ? Maintenant

que Blanche-Neige n'est plus là, c'est moi qui te surveille, imbécile heureux !

Annie m'a accompagné à l'école. Elle avait mis sa main sur mon épaule, comme d'habitude.

– Il ne faut pas que tu fasses attention à ce que dit maman… Elle est vieille… Les vieux disent n'importe quoi…

Nous étions arrivés en avance. Nous attendions devant la porte de fer de la cour de récréation.

– Vous allez dormir, toi et ton frère, pour une nuit ou deux dans la maison d'en face… tu sais, la maison blanche… Parce qu'il y a des invités qui viendront habiter chez nous pour quelques jours…

Elle a dû se rendre compte que j'étais inquiet.

– Mais, de toute façon, je resterai avec vous… Tu verras, vous allez bien vous amuser…

En classe, je n'écoutais pas le cours. Je pensais à autre chose. Blanche-Neige était partie, et nous, nous allions habiter dans la maison d'en face.

Après l'école, Annie nous a emmenés, mon frère et moi, dans la maison d'en face. Elle a sonné à la petite entrée qui donnait sur la rue du Docteur-Dordaine. Une dame brune assez grosse et habillée de noir nous a ouvert. C'était la gardienne de la maison, car les propriétaires n'y habitaient jamais.

– La chambre est prête, a dit la gardienne.

Nous avons monté un escalier qu'éclairait la lumière électrique. Tous les volets de la maison étaient fermés. Nous avons suivi un couloir. La gardienne a ouvert une porte. Cette chambre était plus grande que la nôtre, et il y avait deux lits aux barreaux de cuivre, deux lits de grandes personnes. Un papier peint bleu clair avec des dessins recouvrait les murs. La fenêtre donnait sur la rue du Docteur-Dordaine. Les volets étaient ouverts.

– Vous serez très bien ici, les enfants, a dit Annie.

La gardienne nous souriait. Elle nous a dit :

– Je vous préparerai le petit déjeuner demain matin.

Nous avons descendu l'escalier, et la gardienne nous a fait visiter le rez-de-chaussée de la maison. Dans le grand salon, aux volets fermés, deux lustres étincelaient de tous leurs cristaux et nous éblouissaient. Les meubles étaient protégés par des housses transparentes. Sauf le piano.

Après le dîner, nous sommes sortis avec Annie. Nous portions nos pyjamas et nos robes de chambre. Un soir de printemps. C'était amusant de porter nos robes de chambre dehors, et nous avons descendu l'avenue, avec Annie, jusqu'à l'auberge Robin des Bois. Nous aurions voulu rencontrer quelqu'un pour qu'il nous voie nous promener en robe de chambre dans la rue.

Nous avons sonné à la porte de la maison d'en face et, de nouveau, la gardienne nous a ouvert et nous a conduits à notre chambre. Nous nous sommes couchés dans les lits aux barreaux de cuivre. La gardienne nous a dit qu'elle dormait à côté du salon et que, si jamais nous avions besoin de quelque chose, nous pouvions l'appeler.

– De toute façon, je suis tout près, Patoche… a dit Annie.

Elle nous a donné un baiser, sur le front. Nous nous étions déjà brossé les dents après le dîner, dans notre vraie chambre. La gardienne a fermé les volets, elle a éteint la lumière et elles sont parties toutes les deux.

Cette première nuit, nous avons bavardé longtemps, mon frère et moi. Nous aurions bien voulu descendre dans le salon du rez-de-chaussée pour contempler les lustres, les meubles sous leurs housses et le piano, mais nous avions peur que le bois de l'escalier craque et que la gardienne nous gronde.

Le lendemain matin, c'était jeudi. Je ne devais pas aller en classe. La gardienne nous a apporté notre petit déjeuner dans notre chambre, sur un plateau. Nous l'avons remerciée.

Le neveu de Frede n'est pas venu ce jeudi-là. Nous sommes restés dans le grand jardin, devant la façade de la maison avec ses portes-fenêtres aux volets fermés. Il y avait un saule pleureur et, tout au fond, une enceinte de bambous à travers laquelle on voyait la terrasse de l'auberge Robin des Bois et les tables dont les serveurs dressaient les couverts pour le dîner. Nous avions mangé des sandwiches à midi. C'était la gardienne qui nous les avait préparés. Nous étions assis sur les chaises du jardin, avec nos sandwiches, comme pour un pique-nique. Le soir, il faisait beau, et nous avons dîné dans le jardin. La gardienne nous avait de nouveau préparé des sandwiches au jambon et au fromage. Deux tartes aux pommes pour le dessert. Et du Coca-Cola.

Annie est venue après le dîner. Nous avions mis nos pyjamas et nos robes de chambre. Nous sommes sortis avec elle. Cette fois-ci, nous avons traversé la route, en bas. Nous avons rencontré des gens près du jardin public, et ils avaient l'air étonné de nous voir en robe de chambre. Annie, elle, portait son vieux blouson de cuir et son blue-jean. Nous avons marché devant la gare. J'ai pensé que nous aurions pu prendre le train, dans nos robes de chambre, jusqu'à Paris.

Au retour, Annie nous a embrassés dans le jardin de la maison blanche et, à chacun de nous, elle a donné un harmonica.

Je me suis réveillé en pleine nuit. J'entendais le bruit d'un moteur. Je me suis levé et je suis allé voir à la fenêtre. La gardienne n'avait pas fermé les volets, elle avait juste tiré les rideaux rouges.

En face, le *bow-window* du salon était allumé. La voiture de Roger Vincent était garée devant la maison, sa capote noire rabattue. La quatre-chevaux d'Annie était là, aussi. Mais le bruit du moteur venait d'un camion bâché, à l'arrêt, de l'autre côté de la rue, devant le mur du temple protestant. Le moteur s'est arrêté. Deux hommes sont sortis du camion. J'ai reconnu Jean D. et Buck Danny, et ils sont entrés tous les deux dans la maison. Je voyais une silhouette passer de temps en temps devant le *bow-window* du salon. J'avais sommeil. Le lendemain matin, la gardienne nous a réveillés en nous apportant le plateau du petit déjeuner. Elle et mon frère m'ont accompagné à l'école. Dans la rue du Docteur-Dordaine, il n'y avait plus le camion ni la voiture de Roger Vincent. Mais la quatre-chevaux d'Annie était toujours là, devant la maison.

À la sortie de l'école, mon frère m'attendait, tout seul.

– Il n'y a plus personne chez nous.

Il m'a dit que la gardienne l'avait ramené à la maison, tout à l'heure. La quatre-chevaux d'Annie était là, mais il n'y avait personne. La gardienne devait partir faire des courses à Versailles jusqu'à la fin de l'après-midi et elle avait laissé mon frère dans la maison en lui expliquant qu'Annie allait bientôt revenir puisque sa voiture était là. Mon frère avait attendu, dans la maison vide.

Il était soulagé de me revoir. Il riait même, comme quelqu'un qui a eu peur et qui est tout à fait rassuré.

– Ils sont allés à Paris, lui ai-je dit. Ne t'inquiète pas.

Nous avons suivi la rue du Docteur-Dordaine. La quatre-chevaux d'Annie était là.

Personne dans la salle à manger ni dans la cuisine. Ni dans le salon. Au premier étage, la chambre d'Annie était vide. Celle de la petite Hélène aussi. Celle de Mathilde aussi, au fond de la cour. Nous sommes entrés dans la chambre de Blanche-Neige.

Après tout, Blanche-Neige était peut-être revenue, elle. Non. C'était comme si personne n'avait jamais habité dans ces chambres. Par la fenêtre de la nôtre, je regardais, en bas, la quatre-chevaux d'Annie.

Le silence de la maison nous faisait peur. J'ai allumé la radio et nous avons mangé deux pommes et deux bananes qui restaient dans la corbeille à fruits, sur le buffet. J'ai ouvert la porte du jardin. L'auto tamponneuse verte était toujours là, au milieu de la cour.

– On va les attendre, ai-je dit à mon frère.

Le temps passait. Les aiguilles du réveil de la cuisine marquaient deux heures moins vingt. C'était l'heure d'aller à l'école. Mais je ne pouvais pas laisser mon frère tout seul. Nous étions assis, l'un en face de l'autre, à la table de la salle à manger. Nous écoutions la radio.

Nous sommes sortis de la maison. La quatre-chevaux d'Annie était toujours là. J'ai ouvert l'une des portières et je me suis assis sur la banquette avant, à ma place habituelle. J'ai fouillé dans la boîte à gants et j'ai bien regardé sur la banquette arrière. Rien. Sauf un vieux paquet de cigarettes vide.

– On va se promener jusqu'au château, ai-je dit à mon frère.

Il y avait du vent. Nous suivions la rue du Docteur-Dordaine. Mes camarades étaient déjà rentrés en classe, et le maître avait remarqué mon absence. À mesure que nous marchions, le silence était de plus en plus profond autour de nous. Sous le soleil, cette rue et toutes ces maisons semblaient abandonnées.

Le vent agitait doucement les herbes hautes de la prairie. Nous n'étions jamais venus seuls ici, tous les deux. Les fenêtres murées du château me causaient la même inquiétude que le soir, au retour de nos promenades en forêt, avec Blanche-Neige. La façade du château était sombre et menaçante à ces moments-là. Comme maintenant, en plein après-midi.

Nous nous sommes assis sur le banc, là où s'asseyaient Blanche-Neige et la petite Hélène, quand nous escaladions les branches des pins. Ce silence nous enveloppait toujours, et j'essayais de jouer un air sur l'harmonica qu'Annie m'avait donné.

Rue du Docteur-Dordaine, nous avons vu, de loin, une voiture noire, garée à la hauteur de la maison. Un homme était au volant, sa jambe dépassait de la portière ouverte et il lisait un journal. Devant la porte de la maison, un gendarme se tenait, très droit, tête nue. Il était jeune, les cheveux blonds coupés court, et ses gros yeux bleus regardaient dans le vide.

Il a sursauté et nous a considérés, mon frère et moi, les yeux ronds.

– Qu'est-ce que vous faites là ?

– C'est ma maison, lui ai-je dit. Il est arrivé quelque chose ?

– Quelque chose de très grave.

J'ai eu peur. Mais lui aussi, sa voix tremblait un peu. Une camionnette avec une grue a débouché au coin de l'avenue. Des gendarmes ont mis pied à terre et ont attaché la quatre-chevaux d'Annie à la grue. Puis la camionnette a démarré, traînant lentement derrière elle la quatre-chevaux d'Annie le long de la rue du Docteur-Dordaine. C'est ce qui m'a le plus frappé et qui m'a fait le plus de peine.

– C'est très grave, a-t-il dit. Vous ne pouvez pas entrer.

Mais nous sommes entrés. Quelqu'un téléphonait dans le salon. Un homme brun, en gabardine, était assis sur le rebord de la table de la salle à manger. Il nous a vus, mon frère et moi. Il est venu vers nous.

– Ah… C'est vous… les enfants ?…

Il a répété :

– Vous êtes les enfants ?

Il nous a entraînés dans le salon. L'homme qui parlait au téléphone a raccroché. Il était petit, les épaules très larges, et il portait une veste de cuir noir. Il a dit, comme l'autre :

– Ah… Ce sont les enfants…

Il a dit à l'homme en gabardine :

– Il faut que tu les emmènes au commissariat de Versailles… Ça ne répond pas à Paris…

Quelque chose de très grave, m'avait dit le gendarme aux gros yeux bleus. Je me souvenais du papier que la petite Hélène gardait dans son portefeuille : LA TRAPÉZISTE HÉLÈNE TOCH VICTIME D'UN GRAVE ACCIDENT. Je restais derrière elle pour la regarder marcher. Elle n'avait pas toujours boité comme ça.

– Où sont vos parents ? m'a demandé le brun en gabardine.

Je cherchais une réponse. C'était trop compliqué de lui donner des explications. Annie me l'avait bien dit, le jour où nous étions allés ensemble dans le bureau de la directrice de l'institution Jeanne-d'Arc et où elle avait fait semblant d'être ma mère.

– Tu ne sais pas où sont vos parents ?

Ma mère jouait sa pièce de théâtre quelque part en Afrique du Nord. Mon père était à Brazzaville ou à Bangui, ou plus loin. C'était trop compliqué.

– Ils sont morts, lui ai-je dit.

Il a sursauté. Il me regardait en fronçant les sourcils. On aurait dit qu'il avait peur de moi, brusquement. Le petit homme à la veste en cuir me fixait lui aussi, d'un œil inquiet, la bouche ouverte. Deux gendarmes sont entrés dans le salon.

– On continue de fouiller la maison ? a demandé l'un d'eux au brun en gabardine.

– Oui… Oui… Vous continuez…

Ils sont partis. Le brun en gabardine s'est penché vers nous.

– Allez jouer dans le jardin… a-t-il dit d'une voix très douce. Je viendrai vous voir tout à l'heure.

Il nous a pris chacun par la main et il nous a emmenés dehors. L'auto tamponneuse verte était toujours là. Il a tendu le bras en direction du jardin :

– Allez jouer… À tout à l'heure…

Et il est rentré dans la maison.

Nous sommes montés par l'escalier de pierre jusqu'à la première terrasse du jardin, là où la tombe du docteur Guillotin était cachée sous les clématites et où Mathilde avait planté un rosier. La fenêtre de la chambre d'Annie était grande ouverte, et comme nous nous trouvions à la hauteur de cette fenêtre, je voyais bien qu'ils fouillaient partout dans la chambre d'Annie.

En bas, le petit homme à la veste de cuir noir traversait la cour, une torche électrique à la main. Il se penchait par-dessus la margelle du puits, écartait le chèvrefeuille et essayait de voir quelque chose, au fond, avec sa torche. Les autres continuaient de fouiller dans la chambre d'Annie. Il en arrivait d'autres encore, des gendarmes et des hommes habillés de vêtements de tous les jours. Ils fouillaient partout, même à l'intérieur de notre auto tamponneuse, ils marchaient dans la cour, ils se montraient aux fenêtres de la maison, ils parlaient ensemble, très fort. Et nous, mon frère et moi, nous faisions semblant de jouer dans le jardin en attendant que quelqu'un vienne nous chercher.

Fleurs de ruine

Pour Zina
Pour Marie
Pour Douglas

Une vieille bavarde
Un postillon gris
Un âne qui regarde
La corde d'un puits
Des lys et des roses
Dans un pot de moutarde
Voilà le chemin
Qui mène à Paris.

LAMARTINE

Ce dimanche soir de novembre, j'étais dans la rue de l'Abbé-de-l'Épée. Je longeais le grand mur de l'Institut des sourds-muets. À gauche se dresse le clocher de l'église Saint-Jacques-du-Haut-Pas. J'avais gardé le souvenir d'un café à l'angle de la rue Saint-Jacques où j'allais après avoir assisté à une séance de cinéma, au Studio des Ursulines.

Sur le trottoir, des feuilles mortes. Ou les pages calcinées d'un vieux dictionnaire Gaffiot. C'est le quartier des écoles et des couvents. Quelques noms surannés me revenaient en mémoire : Estrapade, Contrescarpe, Tournefort, Pot-de-Fer… J'éprouvais de l'appréhension à traverser des endroits où je n'avais pas mis les pieds depuis l'âge de dix-huit ans, quand je fréquentais un lycée de la Montagne-Sainte-Geneviève.

J'avais le sentiment que les lieux étaient restés dans l'état où je les avais laissés au début des années soixante et qu'ils avaient été abandonnés à la même époque, voilà plus de vingt-cinq ans. Rue Gay-Lussac – cette rue silencieuse où l'on avait jadis arraché des pavés et dressé des barricades –, la porte d'un hôtel était murée et la plupart des fenêtres n'avaient plus de vitres. Mais l'enseigne demeurait fixée au mur : Hôtel de l'Avenir. Quel avenir ? Celui, déjà révolu, d'un étudiant des années trente, louant une petite chambre de cet hôtel, à sa sortie de l'École normale supérieure, et le samedi soir y invitant ses anciens camarades. Et l'on faisait le tour du pâté d'immeubles pour voir un film au Studio des Ursulines. Je suis passé devant la grille et la maison blanche aux persiennes, dont le cinéma occupe le rez-de-chaussée. Le hall était allumé. J'aurais pu marcher jusqu'au Val-de-Grâce, dans cette zone paisible où nous nous étions cachés, Jacqueline et moi, pour que le marquis n'ait plus aucune chance de la rencontrer. Nous habitions un hôtel au bout de la rue Pierre-Nicole. Nous vivions avec l'argent qu'avait procuré à Jacqueline la vente de son manteau de fourrure. La rue ensoleillée, le dimanche après-midi. Les troènes de la petite maison de brique, en face du collège Sévigné. Le lierre recouvrait les balcons de l'hôtel. Le chien dormait dans le couloir de l'entrée.

J'ai rejoint la rue d'Ulm. Elle était déserte. J'avais beau me dire que cela n'avait rien d'insolite un dimanche soir, dans ce quartier studieux et provincial, je me demandais si j'étais encore à Paris. Devant moi, le dôme du Panthéon. J'ai eu peur de me retrouver tout seul, au pied de ce monument funèbre, sous la lune, et je me suis engagé dans la rue Lhomond. Je me suis arrêté devant le collège des Irlandais. Une cloche a sonné huit coups, peut-être celle de la congrégation du Saint-Esprit dont la façade massive s'élevait à ma droite. Quelques pas encore, et j'ai débouché sur la place de l'Estrapade. J'ai cherché le numéro 26 de la rue des Fossés-Saint-Jacques. Un immeuble moderne, là, devant moi. L'ancien immeuble avait sans doute été rasé une vingtaine d'années auparavant.

24 avril 1933. Deux jeunes époux se suicident pour des raisons mystérieuses.

C'est une bien étrange histoire que celle qui s'est déroulée au cours de la nuit dernière dans l'immeuble du 26, rue des Fossés-Saint-Jacques, proche du Panthéon, chez M. et Mme T.

M. Urbain T., jeune ingénieur, sorti premier de l'École de chimie, épousait il y a trois ans Mlle Gisèle S. âgée de vingt-six ans, son aînée d'un an. Mme T. était une jolie blonde, grande et fine. Quant à son mari, il avait le type du beau garçon brun. Le couple s'était installé en juillet dernier au rez-de-chaussée du 26, rue des Fossés-Saint-Jacques, dans un atelier transformé par eux en studio. Les jeunes époux étaient très unis. Aucun souci ne semblait ternir leur bonheur.

Samedi soir, Urbain T. décida de sortir en compagnie de sa femme pour dîner. Tous deux quittèrent leur domicile vers dix-neuf heures. Ils ne devaient y rentrer que vers deux heures du matin, en compagnie de deux couples de rencontre. Menant un tapage inusité, ils tinrent éveillés leurs voisins peu habitués à de si bruyantes manifestations de la part de locataires ordinairement fort discrets. La fête eut sans doute des péripéties inattendues.

Vers quatre heures du matin, les invités partirent.

Au cours de la demi-heure qui s'écoula ensuite dans le silence, deux coups sourds retentirent. À neuf heures, une voisine, sortant de chez elle, passa devant la porte des T. Elle entendit des gémissements. Se rappelant tout à coup les détonations de la nuit, elle s'inquiéta et frappa à la porte. Celle-ci s'ouvrit et Gisèle T. parut. Du sang coulait doucement d'une blessure apparente sous le sein gauche. Elle murmura : « Mon mari ! Mon mari ! Mort. » Quelques instants après, arrivait M. Magnan, commissaire de police. Gisèle T. gémissait, allongée sur un divan. Dans la pièce voisine, on découvrit le cadavre de son mari. Celui-ci tenait encore un revolver dans sa main crispée. Il s'était suicidé d'une balle en plein cœur.

À ses côtés, une lettre griffonnée : « Ma femme s'est tuée. Nous étions ivres. Je me tue. Ne cherchez pas… »

Il semble, selon l'enquête, qu'Urbain et Gisèle T., après leur dîner, aient échoué dans un bar de Montparnasse. L'autre soir, de la rue des Fossés-Saint-Jacques, j'ai marché jusqu'au carrefour où sont le Dôme et la Rotonde, après avoir laissé derrière moi les jardins obscurs de l'Observatoire. Les T. avaient dû suivre le même chemin que moi, cette nuit de 1933. J'étais surpris de me retrouver dans un lieu que j'avais évité depuis les années soixante. Comme les Ursulines, le quartier du Montparnasse m'a évoqué le château de la Belle au bois dormant. J'avais éprouvé la même impression, à vingt ans, lorsque je logeais pour quelques nuits dans un hôtel de la rue Delambre : Montparnasse m'avait déjà semblé un quartier qui se survivait à lui-même et qui pourrissait doucement, loin de Paris. Quand il pleuvait rue d'Odessa ou rue du Départ, je me sentais dans un port breton, sous le crachin. De la gare, qui n'était pas encore détruite, s'échappaient des bouffées de Brest ou de Lorient. La fête, ici, était finie depuis longtemps. Je me souviens que l'enseigne de l'ancien Jimmy's pendait encore au mur de la rue

Huyghens, et qu'il y manquait deux ou trois lettres que le vent du large avait emportées.

C'était la première fois – d'après les journaux d'avril 1933 – que le jeune couple entrait dans un établissement nocturne de Montparnasse. Avaient-ils un peu trop bu au cours du dîner ? Ou bien, tout simplement, voulaient-ils rompre, le temps d'une soirée, le cours tranquille de leur vie ? Un témoin assurait les avoir vus, vers vingt-deux heures, au Café de la Marine, un dancing, 243, boulevard Raspail ; un autre, au cabaret des Isles, rue Vavin, en compagnie de deux femmes. Les policiers montraient leurs photos pour susciter des témoignages qui risquaient d'être sujets à caution car il y avait beaucoup de filles blondes et de garçons bruns, comme Urbain et Gisèle T. Pendant quelques jours, on avait essayé d'identifier les deux couples que les T. avaient emmenés à leur domicile, rue des Fossés-Saint-Jacques, puis l'enquête avait été close. Gisèle T., avant de succomber à ses blessures, avait pu parler, mais ses souvenirs étaient vagues. Oui, ils avaient rencontré, à Montparnasse, deux femmes, deux inconnues dont elle ne savait rien… Et celles-ci les avaient entraînés au Perreux, dans un dancing où deux hommes s'étaient joints à eux. Puis ils étaient allés dans une maison où il y avait un ascenseur rouge.

Ce soir, je marche sur leurs pas dans un quartier maussade que la tour Montparnasse voile de deuil. Pendant la journée, elle cache le soleil et projette son ombre sur le boulevard Edgar-Quinet et les rues avoisinantes. Je laisse derrière moi la Coupole que l'on est en train d'écraser sous une façade de béton. J'ai peine à croire que Montparnasse connut jadis une vie nocturne…

À quelle époque, exactement, ai-je habité cet hôtel de la rue Delambre ? Vers 1965, quand j'ai fait la connaissance de Jacqueline et peu avant mon départ pour Vienne, en Autriche.

La chambre voisine de la mienne était occupée par un homme d'environ trente-cinq ans, un blond que je croisais dans le couloir et avec lequel j'avais fini par lier connaissance. Son nom ? Quelque chose comme Devez ou Duvelz.

Il était toujours vêtu de manière très soignée et portait une décoration à la boutonnière. À plusieurs reprises, il m'avait invité à prendre un verre, tout près de l'hôtel, dans un bar, le Rosebud. Je n'osais pas refuser. Il paraissait enchanté de cet endroit.

– C'est sympathique, ici…

Il parlait d'une voix dentale, celle d'un garçon de bonne famille. Il m'avait confié qu'il était resté plus de trois ans « dans les djebels » et qu'il avait gagné, là-bas, cette décoration. Mais la guerre d'Algérie l'avait écœuré. Il avait eu besoin de beaucoup de temps pour s'en remettre. Il allait prendre incessamment la succession de son père à la tête d'une grosse entreprise de textiles dans le Nord.

Très vite, je m'étais rendu compte qu'il ne me disait pas la vérité : sur cette « entreprise de textiles », il demeurait vague. Et il se contredisait, m'affirmant un jour qu'il était sorti de l'école de Saint-Maixent, juste avant son départ pour l'Algérie, puis, le lendemain, qu'il avait fait toutes ses études en Angleterre. Parfois, son accent dental laissait place à un bagout de camelot.

Il aura fallu que je me promène, ce dimanche soir à Montparnasse, pour que ce Duvelz – ou Devez – resurgisse brusquement du néant. Un jour, je m'en souviens, nous nous étions croisés rue de Rennes, et il m'avait offert un bock – comme il disait – dans l'un des cafés du morne carrefour Saint-Placide.

Le cabaret des Isles, rue Vavin, où l'on aurait remarqué la présence du couple, occupait le sous-sol des Vikings. L'ambiance scandinave et les boiseries claires des Vikings contrastaient avec ce bal nègre. Il suffisait de descendre l'escalier : des cocktails et des hors-d'œuvre norvégiens du rez-de-chaussée, on était plongé au milieu des danses martiniquaises. Est-ce là que les T. rencontrèrent les deux femmes ? J'ai le sentiment que ce fut au Café de la Marine, boulevard Raspail, vers Denfert-Rochereau. Je me souviens de l'appartement où Duvelz nous avait entraînés, Jacqueline et moi, au début de ce même boulevard Raspail. Cette fois-là, non plus, je n'avais pas osé refuser son invitation. Pendant près d'une semaine, il avait insisté pour que nous venions tous les deux un samedi soir chez une amie à lui qu'il tenait beaucoup à nous présenter.

Elle nous a ouvert la porte et, dans la demi-pénombre du vestibule, je n'ai pas très bien distingué son visage. Le grand salon où nous sommes entrés m'a frappé par son luxe, qui ne correspondait pas du tout à la petite chambre de Duvelz, rue Delambre. Il était là. Il nous a présentés. J'ai oublié son nom : une brune aux traits réguliers, l'une des joues, à hauteur des pommettes, barrée d'une large cicatrice.

Nous étions assis, Jacqueline et moi, sur le canapé. Duvelz et la femme, sur les fauteuils, en face de nous. Elle devait avoir le même âge que Duvelz : trente-cinq ans. Elle nous considérait avec curiosité.

– Tu ne trouves pas qu'ils sont charmants, tous les deux ? a dit Duvelz de son accent dental.

Elle nous regardait fixement. Elle nous a demandé :

– Vous voulez boire quelque chose ?

Il y avait une gêne entre nous. Elle nous a servi du porto.

Duvelz en a bu une grande gorgée.

– Détendez-vous, a-t-il dit. C'est une vieille amie…

Elle nous a lancé un sourire timide.

– Nous étions même fiancés. Mais elle a dû en épouser un autre…

Elle n'a pas sourcillé. Elle demeurait très droite sur le fauteuil, le verre à la main.

– Son mari s'absente souvent… Nous pourrions en profiter pour sortir tous les quatre… Qu'est-ce que vous en dites ?

– Sortir où ? a demandé Jacqueline.

– Où vous voulez… Nous n'avons même pas besoin de sortir.

Il haussait les épaules.

– Nous sommes bien ici… Non ?

Elle se tenait toujours très droite sur son fauteuil. Elle a allumé une cigarette, peut-être pour cacher sa nervosité. Duvelz a avalé, de nouveau, une gorgée de porto. Il a posé son verre sur la table basse. Il s'est levé et a marché vers elle.

– Elle est jolie, non ?

Il passait l'index sur la cicatrice de sa joue. Puis il dégrafait son chemisier et lui caressait les seins. Elle ne bronchait pas.

– Nous avons eu un très grave accident de voiture ensemble dans le temps, a-t-il dit.

Elle lui écarta la main d'un geste brusque. Elle nous sourit de nouveau.

– Vous devez avoir faim…

Elle avait une voix grave et un très léger accent, me semblait-il.

– Tu peux m'aider pour apporter le dîner ici ? lui a-t-elle dit assez sèchement.

– Bien sûr.

Ils se sont levés, tous les deux.

– C'est un repas froid, a-t-elle dit. Ça vous va ?

– Très bien, a dit Jacqueline.

Il avait pris la femme par l'épaule et l'entraînait hors du salon. Il a passé sa tête par l'entrebâillement de la porte.

– Vous aimez le champagne ?

Il avait perdu son accent dental.

– Beaucoup, a dit Jacqueline.

– À tout de suite.

Nous sommes restés seuls dans le salon, quelques

minutes, et je fais un effort de mémoire pour rassembler le plus de détails possible. Les portes-fenêtres qui donnaient sur le boulevard étaient entrouvertes à cause de la chaleur. C'était au 19 du boulevard Raspail. En 1965. Un piano à queue tout au fond de la pièce. Le canapé et les deux fauteuils étaient du même cuir noir. La table basse, en métal argenté. Un nom comme Devez ou Duvelz. La cicatrice sur la joue. Le chemisier dégrafé. Une lumière très vive de projecteur, ou plutôt de torche électrique. Elle n'éclaire qu'une parcelle d'un décor, un instant isolé, laissant le reste dans l'ombre, car nous ne saurions jamais la suite des événements et qui étaient, au juste, ces deux personnes.

Nous nous sommes glissés hors du salon et, sans même refermer la porte, nous avons descendu l'escalier. Tout à l'heure, nous avions pris l'ascenseur, mais il n'était pas rouge, comme celui dont avait parlé Gisèle T.

Le témoignage d'un serveur qui travaillait dans un restaurant-dancing du Perreux figure en première page d'un journal du soir de ce mois d'avril 1933. Le titre de l'article est le suivant :

ON RECHERCHE LES DEUX COUPLES
QUI PASSÈRENT LA NUIT DANS L'APPARTEMENT
DU JEUNE CHIMISTE ET DE SA FEMME

Au commissariat de police du quartier du Val-de-Grâce, bien que toute action judiciaire se trouve éteinte du fait du double suicide, on nous apprend que le jeune couple ne serait pas allé uniquement à Montparnasse mais également sur les bords de la Marne, au Perreux ; et qu'ils avaient entraîné chez eux non pas deux femmes mais deux femmes et deux hommes… Les recherches entreprises pour retrouver ces quatre personnes sont jusqu'ici demeurées sans résultat.

Nous nous sommes rendus au Perreux dans l'espoir de recueillir quelques détails importants sur les minutes qui précédèrent le drame.

Dans un « restaurant-dancing » du quai de l'Artois,

on se souvient parfaitement du passage des deux jeunes gens.

« Ils arrivèrent vers dix heures, déclare le garçon qui les servit. Ils étaient seuls, elle très jolie, très blonde, très fine… Ils étaient assis là, sous le balcon. Ont-ils fait connaissance avec ceux qu'ils devaient inviter ? Je ne l'ai pas remarqué. Le samedi soir, à cette saison, il y a beaucoup de monde. Ils ne m'ont pas paru spécialement gais, alors. De toute façon, je me souviens qu'à onze heures et demie ils réglèrent leurs consommations. »

On peut difficilement prendre en compte ce témoignage, car il suppose que les T. seraient venus au Perreux seuls, et de leur propre initiative. Or, tout ce que l'on sait de leur vie dans le quartier calme de la rue des Fossés-Saint-Jacques incite à croire qu'ils ne fréquentaient pas les dancings des bords de Marne, le samedi soir. Non, ce sont bien les deux inconnues, rencontrées à Montparnasse, qui les ont entraînés ce soir-là, au Perreux, comme l'avait indiqué Gisèle T. elle-même. Et l'on se demande pourquoi le serveur a fait une telle déposition : les a-t-il confondus avec d'autres personnes ? Plus vraisemblablement, il a voulu protéger de la curiosité des enquêteurs ceux en compagnie desquels il avait vu les T., deux femmes et deux hommes, sans doute des habitués de l'établissement. Les deux inconnues de Montparnasse connaissaient les deux hommes. Mais où pouvait bien être – se demandait-on dans l'article – la maison à l'ascenseur rouge dont avait parlé Gisèle T. ?

À la sortie du Café de la Marine, les T. et les deux inconnues ont peut-être pris un taxi. Mais aucun chauffeur de taxi, au lendemain du drame, n'a déclaré aux enquêteurs qu'il avait conduit quatre clients au Perreux. Pas un seul, non plus, ne s'est manifesté pour dire qu'il avait ramené des couples du Perreux au 26 de la rue des Fossés-Saint-Jacques, vers deux heures du matin.

En ce temps-là, on allait de Paris à Nogent-sur-Marne et au Perreux par la gare de la Bastille ou par la gare de l'Est. Les trains qui partaient de la Bastille suivaient la ligne dite de Vincennes, jusqu'à Verneuil-L'Étang. J'ai connu encore cette ligne au début des années soixante avant que le Réseau Express Régional ne lui succède, et que la gare de la Bastille ne soit détruite pour laisser place à un Opéra.

La voie courait sur le viaduc de l'avenue Daumesnil dont les arches étaient occupées par des cafés, des dépôts et des commerces. Pourquoi je longe ce viaduc si souvent dans mes rêves ? Voilà ce qu'on découvrait sous ses arches, à l'ombre des platanes de l'avenue :

Laboratoire de l'Armanite
Le Garage des Voûtes
Peyremorte
Corrado Casadei
Le Dispensaire Notre-Dame-de-Lourdes
Dell' Aversano
La Régence, fabrique de meubles
Les Marbres français
Le Café Bosc
Alligator, Ghesquière et Cie
Sava-Autos
Tréfilerie Daumesnil
Le Café Labatie
Chauffage La Radieuse
Testas, métaux non ferreux
Le Café-Tabac Valadier

Un soir d'été, au Café Bosc, juste avant mon départ pour Vienne, les tables étaient disposées sur le trottoir. Je ne pouvais détacher les yeux des lumières de la gare de Lyon, toute proche…

Le train s'arrêtait à la station de Reuilly, puis à celle du Bel-Air. Il quittait Paris par la porte Montempoivre. Il passait devant l'école Braille et faisait halte à la gare de Saint-Mandé, près du lac. Puis c'était Vincennes, et la gare de Nogent-sur-Marne, à la lisière du bois.

De la gare de Nogent, il leur avait fallu remonter à pied toute la Grande-Rue jusqu'au Perreux. À moins que les deux hommes ne soient venus les chercher en voiture.

J'ai plutôt l'impression qu'en sortant du Café de la Marine avec les deux inconnues ils ont descendu les escaliers de la station Raspail, à quelques mètres du café.

Le métro est direct jusqu'à la gare de l'Est. Ils ont pris le train de la ligne de Mulhouse. Quand il quittait Paris en traversant le canal Saint-Denis, on voyait, de haut, les abattoirs de la Villette. Le train s'arrêtait à Pantin. Puis il longeait le canal de l'Ourcq. Noisy-le-Sec, Rosny-sous-Bois. On arrivait à la gare du Perreux. Ils sont descendus sur le quai et le train a continué sa route, par le viaduc qui traverse la Marne. Les deux femmes les ont entraînés, tout près, dans un restaurant-dancing du quai de l'Artois. Ils étaient six, maintenant, avec les deux autres inconnus.

Je me souviens du quai de l'Artois, qui commençait au pied du viaduc. Juste en face, l'île des Loups. Au cours des années mille neuf cent soixante-quatre et mille neuf cent soixante-cinq, j'allais dans cette île : un certain Claude Bernard auquel j'avais vendu une boîte à musique et quelques livres anciens nous avait invités chez lui à plusieurs reprises, mon amie Jacqueline et moi. Il habitait une sorte de chalet, avec des bow-windows et des vérandas. Un après-midi, il nous a photographiés sur l'une des vérandas, car il voulait essayer un nouvel appareil, et au bout d'un instant, il nous a tendu la photo en couleur : c'était la première fois que je voyais une photo Polaroïd.

Ce Claude Bernard avait une quarantaine d'années et se livrait à des activités de brocanteur : il possédait des entrepôts, un stand au marché aux Puces de Saint-Ouen, et même une librairie de livres d'occasion, avenue de Clichy, là où je l'avais connu. Après le dîner, il nous ramenait à Paris, Jacqueline et moi, dans une Jaguar grise. Quelques années plus tard, j'ai perdu définitivement sa trace. Son stand des Puces et sa librairie de l'avenue de Clichy n'existaient plus. Le numéro de téléphone de sa maison de l'île des Loups « n'était plus attribué à votre correspondant ».

Je pense à lui à cause de l'île des Loups. Dans un des articles consacrés à ce que les journaux avaient appelé « l'orgie tragique », on sous-entend que la police avait identifié l'un des inconnus que le couple T. et les deux femmes auraient rencontrés au restaurant-dancing du quai de l'Artois : il s'agissait d'un habitant du Perreux. Pour moi, il ne pouvait habiter que dans l'île des Loups. Et compte tenu du témoignage suspect du serveur, je me demande si les T. et les deux autres couples sont allés, cette nuit-là, dans le restaurant-dancing du quai de l'Artois. J'ai plutôt le sentiment que l'un des inconnus les a emmenés dans l'île des Loups, car c'était bien là que se trouvait la maison à l'ascenseur rouge.

Aujourd'hui, j'essaie de reconstituer l'état des lieux, mais à l'époque où j'allais voir Claude Bernard, je n'y aurais jamais songé. Claude Bernard n'habitait pas depuis longtemps ce grand chalet orné de vérandas et de bow-windows. Un kiosque en bois s'élevait au fond du jardin.

Quel avait été le propriétaire précédent ? Un certain Jacques Henley ? La photo d'Henley figure dans les anciens annuaires de cinéma, avec la mention : « Parle anglais, allemand, sans accent. » Un visage très britannique : moustache blonde, yeux très clairs. Son adresse est indiquée : Jacques Henley, « Les Raquettes », Île des Loups, Nogent-sur-

Marne (Seine), Tremblay 12.00. Mais au même numéro de téléphone, il est mentionné dans l'annuaire sous le nom de E. J. Dothée. Parmi les autres anciens habitants de l'île que j'ai recensés :

Willame H. Tremblay 33.44

Magnant L. Tremblay 22.65

Dothée *alias* Henley et ces deux personnes étaient domiciliés dans la partie de l'île qui dépend de Nogent-sur-Marne, les suivants dans la partie est, celle du Perreux :

Hevelle Tremblay 11.97

Verchère E.L., Les Heures tranquilles, Île des Loups (mai à octobre). Tremblay 09.25

Kisseloff P. Tremblay 09.25

Korsak (de) Tremblay 27.19

Ryan (Jean E.), La Pergola, Île des Loups, Tremblay 06.69

La Société d'encouragement du sport nautique (Tremblay 00.80) était dans la partie de Nogent-sur-Marne. Je crois que la maison de Claude Bernard se situait, elle, dans la zone est, domaine du Perreux. En somme, l'île des Loups évoquait cette île des Antilles partagée entre deux pays : Haïti et la république Dominicaine, à cette différence près qu'elle n'avait pas gagné son indépendance, puisqu'elle était sous la suzeraineté de Nogent et du Perreux. Le viaduc la traversait, et c'était lui qui marquait la frontière entre les deux zones.

Des bouquets d'arbres, le long de la berge, cachaient la maison de Claude Bernard. Il venait nous chercher en barque, quai de l'Artois. Le jardin à l'abandon était entouré d'une barrière blanche.

Au rez-de-chaussée, une pièce très vaste ouverte sur la véranda servait de salon : un canapé, deux fauteuils de cuir, une table basse et une grande cheminée de brique. Claude Bernard était toujours seul dans cette maison et il avait l'air d'y camper. Quand il nous invitait à dîner, il faisait la cuisine lui-même. Il m'avait dit qu'il ne voulait plus habiter Paris et qu'il avait besoin, pour dormir, de l'air de la campagne et de la proximité de l'eau.

Je suppose qu'il ne reste plus aucune trace de campagne au Perreux et dans l'île des Loups. On a sans doute rasé la maison de Claude Bernard. Les arbres et les pontons ont disparu le long de la berge.

Lors de notre première rencontre, dans sa librairie de l'avenue de Clichy, le jour où je lui avais proposé les vingt volumes des œuvres complètes de Balzac – édition Veuve Houssiaux – et où il me les avait achetés pour 3 000 francs, nous avions parlé littérature. Il m'avait confié que son écrivain préféré était Buffon.

Les Buffon reliés de maroquin vert sur la cheminée de brique du salon étaient les seuls livres que j'avais remarqués chez lui. Bien sûr, cette maison de l'île des Loups me semblait étrange et les activités de « brocanteur » de Claude Bernard m'intriguaient un peu. Mais il m'entretenait le plus souvent de cinéma ou de littérature, et c'est pour cela qu'il éprouvait de la sympathie à mon égard.

Je me souviens des boiseries trop lourdes aux murs du salon, des ferronneries, mais surtout de l'ascenseur capitonné de velours rouge – il ne fonctionnait plus – dont Claude Bernard nous avait dit un jour, en riant, que l'ancien propriétaire l'avait fait installer uniquement pour monter à sa chambre, au premier étage.

Cet ascenseur était le seul indice qui demeurait de la nuit d'avril 1933 où les T. avaient échoué au Perreux avec les deux autres couples. Ensuite, ils étaient revenus dans leur quartier sage de la rue des Fossés-Saint-Jacques, mais cela n'avait plus aucune importance. Il était trop tard. Leur destin s'était joué au Perreux et dans la maison de l'île des Loups.

À l'époque, je ne me souciais pas beaucoup des péripéties de ce que les journaux appelèrent « l'orgie tragique », ni du rôle de l'ascenseur de velours rouge que nous avait montré Claude Bernard au fond du salon. L'île des Loups et ses environs n'étaient pour nous qu'une banlieue comme les autres. Sur le chemin que nous suivions de la gare jusqu'au quai de l'Artois, où Claude Bernard nous attendait dans sa barque, je pensais que nous partirions bientôt en voyage grâce à l'argent des Balzac et de la boîte à musique ancienne que je lui avais vendus. D'ici peu, Jacqueline et moi, nous serions loin de la Marne et du Perreux, à Vienne où j'allais avoir vingt ans.

Je veux m'attarder encore sur la Rive gauche, car je suis un enfant de Saint-Germain-des-Prés. J'ai fréquenté l'école communale de la rue du Pont-de-Lodi et les cours de catéchisme de l'abbé Pachaud, rue de l'Abbaye et place Furstenberg. Mais, depuis, j'évite mon ancien village que je ne reconnais plus. Ce soir, le carrefour de l'Odéon me semble aussi triste que le port breton de Montparnasse sous le crachin.

L'un de mes derniers souvenirs de Saint-Germain-des-Prés remonte au lundi 18 janvier 1960. J'avais quatorze ans et demi et je m'étais enfui du collège. J'avais marché jusqu'à la Croix-de-Berny en longeant les hangars de l'aérodrome de Villacoublay. Ensuite, j'avais pris un car jusqu'à la porte d'Orléans. Et le métro. J'étais descendu à Saint-Germain-des-Prés. Au bout de la rue Bonaparte, j'étais venu échouer dans le café-tabac qui fait le coin de la rue et du quai, Chez Malafosse. Du moins c'était mon père qui l'appelait ainsi. Après le déjeuner, nous nous retrouvions avec ses amis dans son bureau et il me disait :

– Va chercher des partagas chez Malafosse.

Cet après-midi-là, chez Malafosse, un groupe de gens que connaissait ma mère et qui traînait toujours dans le quartier était debout devant le comptoir. Parmi eux, une jolie Danoise aux cheveux blonds et courts et aux yeux pervenche. Elle employait des mots d'argot qui contrastaient avec son accent doux et enfantin. Un argot souvent suranné. Quand elle m'a vu entrer, elle m'a dit :

– Qu'est-ce que tu fous là, mon petit vieux ?

Je leur ai avoué ma fugue. Ils gardaient un silence embarrassé. J'étais sur le point de fondre en larmes. Tout à coup, elle a dit, avec son accent danois :

– Qu'est-ce que ça peut foutre, mon peut vieux ?

Puis elle a frappé du plat de la main sur le comptoir :

– Un whisky pour le petit vieux…

Je revois les joueurs de billard au premier étage du Café de Cluny. Je me trouvais là, un samedi après-midi de janvier, le jour des funérailles de Churchill. C'est en 1966 que l'on a refait tous les cafés de la place et du boulevard Saint-Michel, puis quelques-uns se sont transformés ces dernières années en Mac-Donald's, comme le Mahieu, où se réunissaient les joueurs de PMU et où l'on entendait le grésillement de la machine qui inscrivait le résultat des courses.

Jusqu'à la fin des années soixante, ce quartier était resté identique à lui-même. Les événements de Mai 68 dont il fut le théâtre n'ont laissé que des images d'actualités en noir et blanc, qui paraissent, avec un quart de siècle de recul, presque aussi lointaines que celles filmées pendant la Libération de Paris.

Le boulevard Saint-Michel est noyé, ce dimanche soir, dans une brume de décembre, et l'image d'une rue me revient en mémoire, l'une des rares du quartier Latin – la seule, je crois, qui figure souvent dans mes rêves. J'ai fini par la reconnaître. Elle descend en pente douce vers le boulevard, et la contagion du rêve sur la réalité fait que la rue Cujas demeurera toujours pour moi figée dans la lumière du début des années soixante, une lumière tendre et limpide que j'associe à deux films de cette époque : *Lola* et *Adieu Philippine*.

Il existait vers le bas de la rue, au rez-de-chaussée d'un hôtel, une salle de cinéma, le Studio Cujas. Un après-midi de juillet, j'étais entré dans la fraîcheur et l'obscurité de cette salle, par désœuvrement, et j'étais l'unique spectateur.

Un peu plus haut, sur la Montagne-Sainte-Geneviève, je retrouvais une amie qui tournait dans les films de la Nouvelle Vague – comme on disait alors.

J'ai pensé à elle, hier après-midi, en croisant devant les grilles du Luxembourg un homme vêtu d'un pull-over de shetland usé, et dont les cheveux bruns et le nez en bec d'aigle me rappelaient quelqu'un. Mais oui, je le rencontrais souvent dans le café où cette amie me donnait rendez-vous. Un certain François, surnommé « le Philosophe », sans doute parce qu'il était professeur de philosophie dans un cours privé.

Lui, il ne m'a pas reconnu. Il tenait un livre à la main et il avait l'allure d'un vieil étudiant. Le hasard me faisait revenir dans ce quartier, après un quart de siècle, et j'étais en présence de cet homme inchangé, fidèle pour toujours aux années soixante. J'aurais pu lui adresser la parole, mais le temps qui s'était écoulé depuis nos dernières rencontres me l'avait rendu inaccessible, comme quelqu'un que j'aurais laissé sur la plage d'une île lointaine. Moi, j'avais gagné le large.

Je l'ai revu aujourd'hui, de l'autre côté des jardins, en compagnie d'une jeune fille blonde. Il est resté un moment à lui parler devant la bouche du RER qui remplace l'ancienne gare du Luxembourg. Puis elle a descendu les marches et elle l'a laissé seul.

Il avançait d'un pas rapide sur le trottoir du boulevard Saint-Michel en direction de Port-Royal. Il tenait toujours son livre à la main. J'ai essayé de le suivre, les yeux fixés sur son pull-over de shetland dont la tache verdâtre a fini par se perdre à la hauteur de la rue de l'Abbé-de-l'Épée.

J'ai traversé les jardins. Était-ce la rencontre de ce fantôme ? Les allées du Luxembourg où je n'avais pas marché depuis une éternité ? Dans la lumière de fin d'après-midi, il m'a semblé que les années se confondaient et que le temps devenait transparent. Un jour, j'avais accompagné cette amie qui faisait du cinéma, dans sa voiture décapotable, de la Montagne-Sainte-Geneviève jusqu'aux studios de Saint-Maurice. Nous suivions les quais à la sortie de Paris et les platanes formaient une voûte de feuillage. C'était un printemps de 1963 ou de 1964.

La neige qui se transforme en boue sur les trottoirs, les grilles des thermes de Cluny devant lesquelles se dressaient des étalages de marchands à la sauvette, les arbres dénudés, toutes ces tonalités grises et noires dont je garde le souvenir me font penser à Violette Nozière. Elle donnait ses rendez-vous dans un hôtel de la rue Victor-Cousin, près de la Sorbonne, et au Palais du Café, boulevard Saint-Michel.

Violette était une brune au teint pâle que les journaux de l'époque comparaient à une fleur vénéneuse et qu'ils appelaient « la fille aux poisons ». Elle liait connaissance au Palais du Café avec de faux étudiants aux vestons trop cintrés et aux lunettes d'écaille. Elle leur faisait croire qu'elle attendait un héritage et leur promettait monts et merveilles : des voyages, des Bugatti… Sans doute avait-elle croisé, sur le boulevard, le couple T. qui venait de s'installer dans le petit appartement de la rue des Fossés-Saint-Jacques.

Un peu plus bas que le Palais du Café, sur le trottoir opposé, une fille de vingt ans, Sylviane, disputait des parties de billard au premier étage du Cluny. Elle n'était pas brune et pâle comme Violette, mais auburn, et de ce teint que l'on pourrait appeler : irlandais. Elle ne resterait pas longtemps dans la grisaille du quartier Latin. Bientôt, on la verrait faubourg Montmartre, au Fantasio, et au billard du boulevard des Capucines. Puis elle fréquenterait le Cercle Haussmann, rue de la Michodière, où elle rencontrerait des protecteurs. Les cadeaux, les bijoux, la vie facile, les manèges de Neuilly… Au début de l'Occupation, elle épouserait un soupirant sans fortune mais qui portait un titre de marquis d'Empire… Elle ferait de longs séjours en zone libre, sur la Côte d'Azur, et le président de la Société des Bains de Mer de Monaco compterait parmi ses admirateurs. Son retour en zone occupée… La rencontre d'un certain Eddy Pagnon dans de drôles de circonstances… Mais, en ce printemps de 1933, elle habitait encore chez sa mère, à Chelles, en Seine-et-Marne, et elle venait à Paris par le train de la ligne de Meaux qui la déposait gare de l'Est. Selon un témoignage recueilli par les enquêteurs, l'une des deux femmes qui entraînèrent le couple T. au Perreux avait une chevelure auburn et elle ne paraissait pas plus de vingt ans. Elle habitait la banlieue Est. Mais s'appelait-elle Sylviane ?

On la retrouve onze ans plus tard, au printemps de 1944, dans une chambre d'un petit hôtel du quai d'Austerlitz. Elle y attend cet Eddy Pagnon qui, depuis le mois de mai, transporte des vins en fraude, de Bordeaux à Paris.

Les soirs où il doit faire le trajet Paris-Bordeaux, il arrête le camion en face de l'hôtel, sur le trottoir du quai, à l'ombre des deux rangées de platanes. Il vient la rejoindre dans la chambre. Bientôt ce sera le black-out. Le grondement lointain du métro sur le pont de Bercy trouble de temps en temps le silence. Par la fenêtre du couloir qui mène à la chambre, on distingue encore, dans le crépuscule, les voies ferrées de la gare d'Austerlitz, mais elles sont désertes et l'on se demande si cette gare n'a pas été abandonnée.

Ils dînent en bas, dans le café. La porte et les fenêtres ont les rideaux tirés à cause du couvre-feu. Ils sont les seuls clients. On leur sert un repas de marché noir et le propriétaire de l'hôtel, qui téléphonait derrière le comptoir, vient s'asseoir à leur table. Pagnon effectue les transports de Bordeaux à Paris pour le compte de cet homme qui possède un entrepôt, à proximité, quai Saint-Bernard, à la Halle aux vins. Après le dîner, le propriétaire de l'hôtel fait quelques dernières recommandations à Pagnon. Elle l'accompagne jusqu'au camion, quai d'Austerlitz. Le moteur ronfle un long moment, puis le camion disparaît dans l'obscurité. Alors, elle retourne à l'hôtel et s'allonge sur le lit défait. Un lit aux barreaux de cuivre. Des murs recouverts d'un vieux papier peint à fleurs roses. Une suspension. Elle a connu des chambres d'hôtel de ce genre, quand elle était toute jeune, et qu'elle ne rentrait pas à Chelles dormir dans le minuscule pavillon de sa mère.

Elle l'attendra jusqu'à demain soir. Il conduira le camion à l'entrepôt de la Halle aux vins pour qu'on décharge la cargaison et il fera le chemin à pied du quai Saint-Bernard à l'hôtel. Dans cette chambre miteuse, elle retrouve le décor de ses vingt ans. Et moi, un souvenir d'enfance me revient : le gros Lucien P. affalé sur l'un des fauteuils de cuir du bureau de mon père. Je les avais entendus parler un jour de cette Sylviane à la chevelure auburn. Était-ce le gros Lucien qui l'avait présentée à mon père ? Ou l'inverse ? D'après une confidence qu'il m'avait faite, mon père fréquentait aussi le quartier Latin, au début des années trente, à la même époque et au même âge que Violette Nozière et que Sylviane ; et peut-être avait-il connu celle-ci au billard du Café de Cluny.

Un peu plus loin que le quai d'Austerlitz, vers le pont de Bercy, les Magasins généraux de Paris existent-ils encore ? L'hiver de 1943, mon père avait été interné dans cette annexe du camp de Drancy. Un soir, quelqu'un est venu le libérer : Eddy Pagnon qui faisait alors partie de ce qu'on a nommé plus tard la bande de la rue Lauriston ? Trop de coïncidences me le laissent croire : Sylviane, le gros Lucien… J'ai tenté de découvrir le garage où Pagnon travaillait avant-guerre et, parmi les nouvelles bribes de renseignements que je viens de rassembler sur lui, il y a ceci : arrêté en novembre 1941 par les Allemands pour les avoir doublés dans une affaire de marché noir d'imperméables. Détenu à la Santé. Libéré par Chamberlin *alias* « Henri ». Entre à son service, rue Lauriston. Quitte la bande de la rue Lauriston trois mois avant la Libération. Se retire à Barbizon avec sa maîtresse, la marquise d'A. Il était possesseur d'un cheval de course et d'une auto. SE TROUVE UNE PLACE DE CHAUFFEUR SUR UN CAMION POUR LE TRANSPORT DE VINS DE BORDEAUX À PARIS.

À la sortie des Magasins généraux, je me demande quel chemin a suivi mon père dans le black-out. Il devait se sentir abasourdi d'avoir la vie sauve.

De tous les quartiers de la Rive gauche, cette zone qui s'étend du pont de Bercy jusqu'aux grilles du Jardin des Plantes reste pour moi la plus ténébreuse. On arrive de nuit gare d'Austerlitz. Et la nuit, par ici, a une odeur de vin et de charbon. Je laisse la gare derrière moi et ces masses sombres, le long de la Seine, que l'on appelait les « Magasins du port d'Austerlitz ». Les phares de la voiture ou la torche électrique que l'on tient à la main éclairent quelques mètres du quai Saint-Bernard, devant soi. À l'odeur de vin et de charbon se mêle maintenant celle des feuillages du Jardin des Plantes et j'entends le cri d'un paon et les rugissements du jaguar et du tigre. Les platanes et le silence de la Halle aux vins. Une fraîcheur de cave m'enveloppe. On roule un tonneau quelque part, et ce bruit funèbre s'éloigne peu à peu. Il paraît que l'on a construit à la place de la Halle aux vins de grands bâtiments de béton, mais j'ai beau écarquiller les yeux dans le noir, je ne les vois pas.

Pour atteindre le sud, il fallait suivre des tunnels : Tombe-Issoire, Glacière, rue de la Santé, qu'éclairait de temps en temps une ampoule bleue. Et l'on débouchait sur les avenues et les prairies ensoleillées de Montsouris.

La porte d'Italie marquait la frontière est du pays. Le boulevard Kellermann menait vers l'ouest, jusqu'à la poterne des Peupliers. À droite, les ateliers de la SNECMA avaient l'aspect d'un gros cargo échoué en bordure du boulevard, surtout les nuits où la lune se reflétait sur les vitrages. Un peu plus loin, à gauche, le stade Charléty. La mauvaise herbe poussait à travers les fentes du béton.

Je suis venu dans ce quartier pour la première fois un dimanche, à cause d'un ami qui m'avait entraîné au stade Charléty. Il avait obtenu, malgré ses dix-sept ans, un petit emploi dans un journal sportif. On lui avait demandé d'assister à une épreuve de course à pied et il voulait que je l'aide à rédiger le compte rendu de celle-ci.

Nous n'étions pas très nombreux sur les gradins. Je me souviens du nom d'un coureur : PIQUEMAL.

Nous lui avions posé quelques questions à la fin des épreuves pour étoffer l'article. Vers cinq heures, nous avions attendu l'autobus 21 qui ne venait pas. Nous avions alors décidé de nous diriger à pied vers le centre de Paris. Les rues étaient vides, sous le soleil. Je pourrais retrouver la date exacte de ce jour-là : au premier marchand de journaux que nous avions croisé sur notre chemin – non pas un kiosque, mais l'un de ces stands de toile verte que l'on dresse les dimanches – j'ai vu la photo et le titre en gros caractères qui annonçaient la mort de Marilyn Monroe.

Après Charléty, la Cité universitaire, et à droite le parc Montsouris. Au début de la rue qui longeait le parc, dans un immeuble aux grandes baies vitrées, avait habité l'aviateur Jean Mermoz. L'ombre de Mermoz et la SNECMA – une usine de moteurs d'avion – ont lié dans mon esprit le quartier à l'aéroport d'Orly, tout proche, et aux pistes d'atterrissage de Villacoublay, de Buc et de Toussus-le-Noble.

Des restaurants presque campagnards. En face de l'immeuble où revenait Mermoz entre deux vols de l'Aéropostale, le Chalet du Lac. Sa terrasse s'ouvrait sur le parc Montsouris. Et, plus bas, au coin de l'avenue Reille, une petite maison au jardin semé de graviers. L'été, l'on y disposait des tables et l'on dînait sous une tonnelle.

Pour moi, avec le recul des années, tout ce quartier s'est doucement détaché de Paris. Dans l'un des deux cafés du bout de la rue de l'Amiral-Mouchez, à la hauteur du stade Charléty, un juke-box diffusait des chansons italiennes. La patronne était une brune au profil romain. La lumière d'été baigne le boulevard Kellermann et le boulevard Jourdan déserts, à midi. Les ombres sur les trottoirs et les façades ocre des immeubles qui cachent des lambeaux de campagne, je les revois dans mes rêves, et ils appartiennent désormais à la banlieue de Rome. Je marche le long du parc Montsouris. Les feuillages me protègent du soleil. Là-bas, c'est la station de métro Cité-Universitaire. Je rentrerai dans la fraîcheur de la petite gare. Des trains s'arrêtent à intervalles réguliers et nous emmènent vers les plages d'Ostie.

Jacqueline avait loué une chambre dans l'un de ces groupes d'immeubles du boulevard Kellermann, construits avant la guerre sur l'emplacement des fortifications. Grâce à de fausses cartes d'étudiants, nous pouvions prendre nos repas – pour 5 francs – au restaurant de la Cité universitaire : il occupait le grand hall lambrissé d'un bâtiment qui évoquait les hôtels de Saint-Moritz ou de Cimiez.

Il nous est souvent arrivé de rester des journées et des nuits sur les pelouses ou dans les halls des différents pavillons. Il y avait même un cinéma et une salle de théâtre à l'intérieur de la Cité.

Un endroit de villégiature, ou l'une de ces concessions internationales comme il en existait à Shanghai. Cette zone neutre, à la lisière de Paris, assurait à ses résidents l'immunité diplomatique. Quand nous en franchissions la frontière – avec nos fausses cartes d'identité –, nous étions à l'abri de tout.

J'ai connu Pacheco à la Cité universitaire. Je l'avais déjà repéré quelques mois auparavant. En janvier de cette année-là, il avait beaucoup neigé et la Cité ressemblait à une station de sports d'hiver. J'avais croisé à plusieurs reprises, boulevard Jourdan, un homme d'une cinquantaine d'années vêtu d'un manteau marron déteint et aux manches trop longues, d'un pantalon de velours noir et d'après-skis. Ses cheveux étaient bruns et ramenés en arrière, ses joues mal rasées. Il marchait avec circonspection, comme s'il avait peur, à chacun de ses pas, de glisser sur la neige.

Au mois de juin suivant, il n'était plus le même. Son complet de toile beige, sa chemise bleu ciel et ses chaussures de daim paraissaient flambant neufs. Ses cheveux coupés plus courts et ses joues lisses lui donnaient un air de jeunesse. Est-ce que nous avons engagé la conversation à la cafétéria de la Cité universitaire dont les fenêtres s'ouvraient sur le boulevard Jourdan ? Ou en face, à la brasserie Babel ? Plutôt à la cafétéria, me semble-t-il, à cause de cette ambiance d'aéroport indissociable, pour moi, de Pacheco : décor de plastique et de métal, allées et venues de gens qui parlaient toutes les langues comme s'ils étaient en transit. D'ailleurs, Pacheco portait ce jour-là une valise de cuir noir. Et il m'avait expliqué qu'il travaillait à Air France sans que je comprenne très bien s'il était steward sur une ligne aérienne ou s'il exerçait son emploi à Orly. Il occupait une chambre, au pavillon des Provinces françaises. Et comme je m'étonnais qu'à son âge il pût habiter la Cité universitaire, il m'avait montré une carte d'étudiant spécifiant qu'il était inscrit à la faculté des sciences de la Halle aux vins.

Je n'ai pas osé lui dire que je le connaissais déjà de vue. Et lui, m'avait-il remarqué cet hiver ? S'attendait-il à ce que je lui pose des questions ? Ou était-il persuadé que je ne pouvais pas faire le rapprochement entre le clochard aux après-skis et l'homme qui se tenait en face de moi ? Le regard bleu ne laissait rien deviner de ses pensées.

Une silhouette au pardessus marron déteint et à la démarche hésitante avait disparu dans la neige de cet hiver-là. Et personne ne s'en était rendu compte. Sauf moi.

Désormais, nous le rencontrions à la cafétéria de la Cité ou au petit restaurant de l'avenue Reille dont les spécialités étaient « orientales ». Nous avions des conversations anodines : il m'expliquait qu'il ne pouvait pas suivre tous les cours de la faculté des sciences, à cause de son travail. Mais quel était, au juste, son travail ?

– Disons… un travail de steward. Parfois sur des avions, ou dans un bureau d'Orly… ou à l'aérogare des Invalides… Trois jours par semaine…

Il s'était tu. Je n'avais pas insisté. Il fréquentait des étudiants marocains dont le pavillon était le premier de la Cité, juste après le stade Charléty. Aux Marocains se joignaient de très blondes Scandinaves et deux Cubains. Nous assistions, en compagnie de ce groupe, aux séances de cinéma du samedi soir et, souvent, nous nous réunissions dans la chambre que l'une des Scandinaves occupait à la fondation Deutsch-de-la-Meurthe, un village composé de petits pavillons aux murs de brique et de lierre. Pacheco nous invitait tous à dîner sous les tonnelles du restaurant de l'avenue

Reille et il distribuait au dessert des cadeaux – cigarettes blondes, parfums, briquets « hors taxes » qu'il se procurait à Orly.

De temps en temps venait nous rejoindre un grand brun qui travaillait pour Air Maroc et avait été résident à la Cité universitaire quelques années auparavant. Pacheco le tutoyait. C'était par lui, sans doute, qu'il avait connu les autres. Pacheco prenait sa part de la gaieté du groupe, des plaisanteries, des bains de soleil sur les pelouses de la Cité, il se mêlait aux conversations, mais toujours je le sentais en retrait et je me disais que c'était à cause de la différence d'âge entre lui et nous.

Un dimanche soir, il était seul à la cafétéria et il nous avait invités, Jacqueline et moi, à déguster un pan-bagnat et une tarte aux pommes. J'étais sur le point de le questionner au sujet du clochard au pardessus déteint de cet hiver, mais je m'étais retenu de justesse. Je lui avais seulement demandé si son nom, Pacheco, était d'origine espagnole ou portugaise.

– Mon père était péruvien.

Il nous considérait l'un après l'autre comme s'il voulait s'assurer qu'il ne risquait rien à nous faire des confidences.

– Ma mère était moitié belge, moitié française. Et, par elle, je suis un descendant du maréchal Victor.

J'avoue qu'à l'époque j'ignorais tout de ce maréchal. Je savais seulement qu'il existait un boulevard Victor, là-bas, du côté de la porte de Versailles.

– Le maréchal Victor était un maréchal du Premier Empire. Napoléon l'avait fait duc de Bellune.

Il avait dit cela d'un ton détaché. Il semblait trouver naturel que le nom de « Victor » ne nous évoquât rien.

– Quand j'étais plus jeune, je me faisais appeler Philippe de Bellune, mais je n'avais aucun droit à ce titre.

Ainsi, son prénom était Philippe. Nous avions pris l'habitude de l'appeler « Pacheco » et, pour nous, « Pacheco » tenait à la fois lieu de nom et de prénom.

– Pourquoi aucun droit à ce titre ?

– Le dernier duc de Bellune n'avait eu que des filles dont l'une était ma grand-mère, et le titre s'est éteint. Ça vous intéresse vraiment ?

– Oui.

C'était la première fois qu'il me parlait de choses personnelles. Jusque-là, je n'avais aucun point de repère : cet homme était aussi fuyant et aussi lisse que son regard. Son âge lui-même était incertain : entre trente-cinq et cinquante ans.

– C'est joli, « Philippe de Bellune ». Vous auriez dû continuer à vous faire appeler comme ça.

– Vous croyez ?

Il a haussé les épaules et m'a considéré un moment de ses yeux bleus. L'image du clochard au manteau marron déteint qui marchait cet hiver le long du boulevard Jourdan m'est revenue en mémoire : on le connaissait peut-être sous le nom de Philippe de Bellune.

– À quel moment avez-vous renoncé à vous faire appeler Philippe de Bellune ?

– Ça vous intéresse vraiment ?

Quelques-uns de nos amis marocains et scandinaves sont venus s'asseoir à notre table, et Pacheco a retrouvé sa réserve. Il participait à la conversation mais ne disait plus que des généralités. Nous sommes sortis très tard de la cafétéria. Pacheco portait sa valise de cuir noir que je lui avais vue à plusieurs reprises.

Nous nous sommes quittés dans le hall du pavillon des Provinces françaises où Pacheco avait une chambre. La nuit était tiède et nous nous sommes assis, Jacqueline et moi, sur un banc entouré de buissons de troènes, qui nous protégeaient des regards. C'est sans doute pour cela que Pacheco ne nous a pas remarqués, lorsqu'il est sorti dix minutes plus tard, sa valise de cuir noir à la main. Nous retenions notre souffle. Nous avions eu la même pensée : il faisait semblant d'habiter au pavillon des Provinces françaises et dès qu'il avait la certitude qu'il ne risquerait plus de rencontrer les membres de notre petit groupe, il quittait ce pavillon pour une destination inconnue.

Nous avons attendu qu'il soit à une cinquantaine de mètres devant nous pour lui emboîter le pas. À la sortie de la Cité universitaire, il s'est dirigé vers la gauche en direction de la porte d'Orléans et sa silhouette a disparu dans la nuit. Où pouvait-il aller ? Quel était son vrai domicile ? Je l'imaginais marchant tout droit devant lui, jusqu'à la porte de Versailles et atteignant enfin ce boulevard désolé qui portait le nom de son ancêtre. Il le suivait à pas lents, sa valise à la main, comme un somnambule, et à cette heure tardive, il était le seul piéton.

Nous l'avons revu, le lendemain, toujours aussi net, aussi lisse dans son complet de toile beige et ses chaussures de daim. Il ne portait plus sa valise, mais en bandoulière un petit sac de voyage en toile bleu marine de la compagnie British Airways. Nos regards se sont croisés, le sien aussi vide que d'habitude. C'était à moi tout seul de résoudre l'énigme que posait cet homme. Pacheco. Philippe de Bellune. À l'aide de ces deux noms, il fallait que je trouve d'autres détails sur lui. Dès cette époque, pour gagner un peu d'argent, j'avais commencé d'acheter et de revendre des lots de livres, des fichiers divers, des collections complètes de magazines. J'essayais à tout hasard de découvrir les noms de Bellune et de Pacheco au fond des annuaires et des vieux journaux qui me passaient par les mains, comme un chiffonnier qui fouille, à l'aide de son crochet, des tas de détritus.

J'avais pu rassembler ainsi quelques renseignements : le dernier duc de Bellune était du côté maternel d'ascendance anglo-portugaise par les familles de Lemos et Willoughby da Silveira. Mort en 1907 sans héritier masculin. Sa fille cadette avait épousé un certain Fernand-Marie-Désiré Werry de Hults, belge, mais « comte romain », et de leur mariage étaient nés deux fils et une fille, Éliane. En 1919, d'après le Bottin mondain, ils habitaient tous un hôtel particulier 4, rue Greuze dans le XVIe arrondissement. En effet, à la même adresse étaient mentionnés un certain Riclos y Perez de Pacheco et Mme née Éliane de Hults. Ces deux derniers étaient à coup sûr les parents du Pacheco que je connaissais. Dès 1927, si j'en croyais les annuaires, cette étrange famille avait disparu du 4 de la rue Greuze, sans laisser de trace. En 1953, réapparaissait une comtesse de Hults-Bellune, 4, rue du Dôme, et, l'année suivante, à la même adresse et au même numéro de téléphone : Pacheco (Mme de). Puis, plus rien.

Les rares moments où j'étais seul avec Pacheco à la cafétéria, je glissais une question dans l'espoir qu'il répondrait et me fournirait d'autres renseignements sur lui.

– En 1953, vous alliez voir votre mère rue du Dôme ?

Là, j'avais remarqué qu'il accusait le coup. Il était devenu très pâle, brusquement. Il fallait profiter de mon avantage.

– Je ne vois pas ce que vous voulez dire.

Il était sur la défensive. Pourquoi ce détail avait-il jeté le trouble en lui ? Je croyais avoir une réponse : 1953, 1954… Il ne s'agissait plus de son ancêtre le maréchal Victor. Nous nous rapprochions dangereusement du présent et d'un clochard au manteau déteint et aux après-skis usés qui arpentait l'hiver dernier le boulevard Jourdan. J'étais impatient de voir sa réaction quand je lui parlerais de cet homme-là. Aurait-il un sursaut comme quelqu'un qui a peur de son ombre ?

Plusieurs semaines passèrent au cours desquelles il ne donna pas signe de vie. Son travail le retenait-il loin de la Cité universitaire ? Au pavillon des Provinces françaises, je demandais si un certain Pacheco occupait une chambre. On n'y connaissait aucun étudiant de ce nom-là, ni aucun homme d'une cinquantaine d'années, les cheveux courts, vêtu d'un complet de toile beige et de chaussures de daim. Le soir, à la cafétéria, je questionnais les membres de notre petit groupe :

– Pas de nouvelles de Pacheco ?

– Non.

Nos amis marocains et scandinaves ne parlaient déjà plus de lui. Il s'effaçait de leurs mémoires. La vie continuait sans Pacheco : les après-midi et les soirées sur la grande pelouse, les promenades parc Montsouris, les dîners sous la tonnelle du restaurant oriental de l'avenue Reille… Je finissais par croire qu'on ne le reverrait plus. Le hasard avait voulu que, dans un lot de vieux journaux des années 1946 et 1948, je tombe sur deux entrefilets. Le premier faisait état d'une liste de personnes recherchées à cause de leurs activités pendant l'Occupation. Parmi celles-ci figurait « Philippe de Bellune, dit "de Pacheco", qui serait mort l'année dernière des suites de son internement à Dachau ». Mais on exprimait des doutes sur cette mort. Deux ans plus tard, en 1948, un journal publiait en bas de page une autre liste d'inculpés qui ne s'étaient pas présentés à l'audience d'une cour de justice, et qui étaient recherchés : le numéro 3 de la liste était « Philippe de Bellune, né à Paris le 22 janvier 1918, sans domicile connu ». Cela voulait dire qu'à l'époque sa mort n'avait pas encore été confirmée.

Le destin d'un homme recherché pour intelligence avec l'ennemi et dont on ignorait s'il était sorti vivant du camp de Dachau me laissait perplexe. Par quel enchaînement de circonstances avait-il été entraîné dans cette situation contradictoire ? Je pensais à mon père qui avait vécu toutes les incohérences de la période de l'Occupation et qui ne m'en avait presque rien dit avant que nous nous quittions pour toujours. Et voilà qu'à peine entrevu, Pacheco lui aussi s'éclipsait sans m'avoir donné d'explications.

Il réapparut, un dimanche soir, à la cafétéria de la Cité. Il était tard et il n'y avait plus personne autour des tables de Formica. J'étais assis près de la fenêtre qui donnait sur le boulevard Jourdan et, quand je le vis arriver dans son costume beige et ses mocassins de daim – les cheveux un peu plus longs que d'habitude et le teint bronzé –, j'eus un coup au cœur. Il vint s'asseoir à côté de moi d'une manière aussi naturelle que s'il s'était absenté quelques minutes pour téléphoner.

– J'ai cru qu'on ne vous reverrait jamais, lui ai-je dit.

– Air France m'a envoyé travailler dans un aérodrome du Maroc… À Casablanca… J'ai dû y rester longtemps.

– J'ai appris que vous aviez été interné au camp de Dachau pendant la guerre, lui ai-je dit brutalement.

– Non.

Il restait immobile, le regard fixé droit devant lui, comme s'il craignait d'autres révélations de ma part.

– Et que vous étiez recherché par la justice après

la guerre pour intelligence avec l'ennemi. C'était l'époque où vous vous faisiez appeler Philippe de Bellune.

– Vous faites erreur.

– Ils ont cru pendant un certain temps que vous étiez mort à Dachau…

– Mort ?

Il haussait les épaules.

– Pour quelles raisons étiez-vous recherché après la guerre ?

Il découpait son pan-bagnat à l'aide d'une fourchette et d'un couteau, en morceaux très fins.

– Vous avez beaucoup d'imagination… Mais je suis très fatigué, ce soir…

Il me lançait un sourire, et j'avais compris que je ne tirerais rien de lui. Les jours suivants, nous nous sommes revus avec tout notre groupe et nous n'avons plus parlé en tête à tête. Il nous a invités à dîner, comme il en avait l'habitude, au restaurant de l'avenue Reille. Son ami d'Air Maroc était présent, ce soir-là. Et, selon la coutume, il nous a offert des cartouches de cigarettes américaines, des parfums, des stylos « hors taxes » et de menus souvenirs qu'il avait rapportés de Casablanca.

Je ne voulais pas le mettre dans l'embarras en lui demandant s'il habitait vraiment au pavillon des Provinces françaises. Il nous est arrivé encore, à plusieurs reprises, de le raccompagner la nuit jusqu'à ce pavillon et je le voyais monter le grand escalier, mais je n'avais même plus l'envie de m'asseoir sur le banc aux troènes pour vérifier s'il ressortait quelques minutes plus tard.

Une fin d'après-midi de ce mois de septembre, où nous étions allongés sur la pelouse de la Cité universitaire pour profiter des derniers beaux jours, Pacheco nous montrait des photos de l'aérodrome et des avenues de Casablanca. Sur l'une d'elles, on le voyait en tenue de steward devant un bâtiment dont la blancheur contrastait avec le bleu du ciel. Tout était net dans ce décor ensoleillé : les couleurs, blanches et bleues, l'ombre qui se découpait au pied du bâtiment, l'uniforme beige sable de steward, le sourire de Pacheco et le fuselage étincelant d'un avion de tourisme, tout au fond. Mais, moi, je pensais à un certain Philippe de Bellune dont la silhouette s'était perdue dans le brouillard il y a longtemps. Son destin avait été si flou qu'on le croyait mort après la guerre. Il ne portait même pas son vrai nom. Quelle avait pu être la vie de cet homme né le 22 janvier 1918 à Paris ? Il avait dû passer les premières années de son enfance, 4, rue Greuze, chez ses grands-parents et ses parents. Par curiosité, j'avais consulté l'annuaire : le 4, rue Greuze était désormais le siège de l'Église chaldéenne. On avait sans doute transformé le rez-de-chaussée en chapelle pour célébrer les rites de cette religion orientale. Avait-on laissé intacte la chambre d'enfant ? Je projetais de me rendre à un office du rite chaldéen, et de me glisser hors de la chapelle pour visiter les étages de l'hôtel particulier. Et peut-être retrouver des témoins qui auraient connu Pacheco, rue Greuze. Au numéro 2, dans l'immeuble voisin, habitait vers 1920 une princesse Duleep-Singh, et ce nom avait réveillé un souvenir d'enfance : j'attends mon père, un vendredi soir dans une gare de la côte normande. Parmi les voyageurs qui descendent du train de Paris, une femme brune entourée de plusieurs serviteurs en turban et de jeunes filles anglaises en culotte de cheval dont le rôle semble celui de dames de compagnie. Ils empilent un grand nombre de valises sur des chariots. L'un d'eux me bouscule au passage. En tombant, je me blesse au genou. Aussitôt, la femme me relève, se penche vers moi et, à l'aide d'un mouchoir et d'un petit flacon de parfum, elle frotte l'éraflure du genou d'un geste maternel. C'est une femme d'une trentaine d'années dont le visage m'émerveille par sa douceur et sa beauté. Elle me sourit. Elle me caresse les cheveux. Devant la gare, plusieurs voitures américaines l'attendent.

– Une princesse hindoue, m'avait dit mon père.

Dans quel pensionnat avait-on inscrit l'enfant Philippe Riclos y Perez de Pacheco ? Quels étaient ses amis en 1938, quand il avait vingt ans ? À quel métier se destinait-il ? Je l'imaginais livré à lui-même. La guerre et l'Occupation avaient achevé de semer le désordre et la confusion chez un jeune homme à la personnalité bien indécise : il ne devait même pas être très sûr de son identité puisqu'il se faisait appeler, à ce moment-là, Philippe de Bellune, comme s'il voulait se raccrocher au seul point de repère qu'il eût dans sa vie, un point de repère très lointain : son ancêtre, le maréchal Victor, duc de Bellune.

Sans doute avait-il été victime de mauvaises fréquentations. Dans l'article de 1946, il est précisé qu'un « mandat d'amener » a été lancé contre lui et plusieurs personnes dont une « comtesse » de Seckendorff et un « baron » de Kermanor. Ces titres de noblesse étaient-ils aussi authentiques que celui de Philippe de Bellune ? La liste qui figurait dans le journal de 1948 comportait de nouveau leurs trois noms.

Procédure suivie du chef d'intelligence avec l'ennemi contre :

1) Lebobe André, né le 6 octobre 1917 à Paris, XIVe. Courtier. 22, rue Washington.
2) Sherrer Alfred, dit « l'Amiral », né le 26 mars 1915 à Hanoi (Indochine). Sans domicile connu.
3) Philippe de Bellune, né à Paris le 22 janvier 1918, fils de Riclos y Perez de Pacheco Mario et de Werry de Hults Éliane, sans domicile connu.
4) Bremont Roger, né le 24 février 1910 à Paris, *alias* Breugnot Roger, sans domicile connu.
5) Yevremovitch Miodraf, dit « Draga », né le 23 mars 1911 à Valdejo (Yougoslavie), ayant demeuré à Paris, 2, square des Aliscamps (XVIe), actuellement sans domicile connu.
6) Ruiz José, dit « Vincent », dit « Vriarte Vincent », né le 26 avril 1917 à Sestao (Espagne), sans domicile connu.
7) Galleran Héloïse, femme Pelaez, née le 24 avril 1914 à Luenco (Espagne), actuellement sans domicile connu.
8) de Reith Hildegarde-Jeanne-Caroline, femme von Seckendorff, née le 18 février 1907 à Mayen (Allemagne), ayant demeuré à Paris, 41, avenue Foch, actuellement sans domicile connu.
9) Léger Yves, 14, rue des Dardanelles, dernier domicile connu.
10) Watchmann Johannès, 76, avenue des Champs-Élysées, dernier domicile connu.
11) Fercrou, 1, rue Lord-Byron, dernier domicile connu.
12) Cremer Edmond, dit « Piquet », dit « baron de Kermanor », né le 31 octobre 1905 à Bruxelles. 10, rue Berteaux-Dumas (Neuilly), dernier domicile connu.

Défaut des accusés à l'audience du 3 novembre 1947.

Aucun d'eux ne s'était présenté à l'audience du 25 février 1948, comme l'ordonnait le président de la cour de justice de la Seine. Ils avaient disparu pour toujours.

Philippe de Bellune avait-il vraiment été interné au camp de Dachau ? Et, à son retour à Paris, où s'était-il réfugié pour échapper à la justice qui lui réclamait des comptes ? Je l'imaginais se glissant la nuit dans le petit appartement de la rue du Dôme où cette comtesse de Hults Bellune *alias* Mme de Pacheco – sa mère – le recevait en cachette, car elle avait dû déclarer aux policiers qui recherchaient son fils que celui-ci était bien mort.

Souvent, par prudence, la mère et le fils ne se donnaient pas rendez-vous dans l'appartement, mais dans les cafés du quartier – place Victor-Hugo, avenue de la Grande-Armée… Un soir, ils étaient allés ensemble au mont-de-piété de la rue Pierre-Charron pour se partager le prix du dernier bijou de valeur qu'elle mettait en gage. Puis ils avaient remonté les Champs-Élysées. C'était un soir de l'hiver 1948, le jour où le second avis de recherche avait paru, preuve que la justice doutait encore de la mort de Philippe de Bellune… Elle l'avait quitté à la station de métro George-V où il s'était perdu dans la foule des heures de pointe.

Vingt ans avaient passé. Et, sur la grande pelouse, Pacheco nous montrait ses photos du Maroc, comme un touriste au retour des vacances. Peut-être nous inviterait-il, plus tard, à une projection de diapositives dans sa chambre du pavillon des Provinces françaises. Après tout, c'était moi qui me faisais de fausses idées sur lui. Ce soir-là, nous avions tous fini par nous réunir autour de l'une des tables de la cafétéria et je me souviens que l'un des Marocains et son amie suédoise avaient dansé sur une musique que diffusait un transistor. Pacheco avait dansé, lui aussi. Il portait un polo bleu marine, des lunettes de soleil, et ses cheveux coupés très court le rajeunissaient encore plus. Je finissais par douter que la date de naissance de cet homme fût le 22 janvier 1918.

La semaine suivante, Jacqueline et moi nous étions seuls avec Pacheco dans l'un des cafés, en face du stade Charléty. À côté de lui, sa valise de cuir noir.

– Vous me rendriez un service ? a-t-il demandé.

Il savait que Jacqueline habitait une chambre, boulevard Kellermann. Est-ce qu'il pouvait lui confier pendant quelques jours cette valise ? Il devait de nouveau s'absenter pour son travail et il ne voulait pas la laisser dans sa chambre du pavillon des Provinces françaises, car la porte ne fermait pas à clef : il avait rangé dans cette valise des vêtements et des objets personnels, sans valeur, sauf pour lui.

Il nous a accompagnés jusqu'à l'immeuble du boulevard Kellermann, mais il n'a pas voulu monter. Dans la cour, il m'a confié la valise.

– Ils m'envoient encore au Maroc… Mais je reviendrai la semaine prochaine… Je vous écrirai une carte postale…

Il restait debout, au milieu de la cour. Je sentais qu'il voulait me dire quelque chose, mais il ne se décidait pas. J'avais la valise à la main. Il me regardait fixement de ses yeux vides.

– Est-ce que vous me rendriez un autre service ?

Il me tendait une grande enveloppe marron.

– C'est mon dossier d'inscription à la faculté des sciences pour cette année. Il faudrait l'apporter à la Halle aux vins avant la fin de la semaine.

– Comptez sur nous, lui ai-je dit.

Il nous a serré la main. De nouveau, il a levé son regard vers moi. Il nous a tourné le dos brusquement après avoir esquissé du bras un geste d'adieu. Je l'ai vu traverser le boulevard et longer le mur de la SNECMA en direction du parc Montsouris.

Les jours, les mois ont passé sans que nous n'ayons plus aucune nouvelle de lui. Il ne nous a pas envoyé une carte postale du Maroc comme il l'avait promis. Nous avions rangé la valise dans le placard de la chambre du boulevard Kellermann. Le dossier d'inscription à la faculté des sciences de la Halle aux vins qu'il m'avait confié n'était qu'une demande d'assister au cours, en qualité d'auditeur libre. Et cette demande était bien formulée au nom de Philippe de Pacheco. Nos amis de la Cité universitaire ne s'étonnaient pas de son absence – Il reviendra, un jour, il nous rapportera des cartouches de cigarettes américaines… Mais ils en parlaient avec de plus en plus d'indifférence, comme de l'un de ces centaines de résidents que l'on croise une fois dans les couloirs et en compagnie duquel on se retrouve, par hasard, autour d'une table de la cafétéria.

Un soir, j'ai décidé d'ouvrir la valise. Je venais de rencontrer, à la terrasse du Café Babel, en bordure du parc Montsouris, le grand brun qui travaillait à Air Maroc. Je lui avais demandé des nouvelles de Pacheco.

– Je crois qu'il ne reviendra plus. Il va rester à Casablanca pour toujours.

– Vous connaissez son adresse ?

– Non.

J'étais sûr du contraire. Il en savait plus long qu'il ne voulait m'en dire.

– Alors, il préfère rester là-bas ?

– Oui.

De retour dans la chambre, j'ai sorti du placard la valise de cuir noir. Elle était fermée à clef, mais à l'aide d'un couteau j'ai forcé la serrure.

Pas grand-chose dans cette valise : le manteau déteint que portait cet hiver d'il y a deux ans le clochard que j'avais remarqué dans les parages de la Cité universitaire. Un pantalon de velours noir. J'ai découvert dans l'une des poches du manteau un portefeuille de maroquin très usé dont j'ai vidé le contenu sur la table de la cuisine.

Une carte d'identité, vieille de dix ans, au nom de Philippe de Pacheco, né le 22 janvier 1918. L'adresse mentionnée sur cette carte était : 183, rue Belliard, Paris XVIIIe. Plié en quatre, le brouillon d'une lettre – si j'en jugeais par les ratures et certains mots rajoutés entre les lignes :

Paris, 15 février 1954.

Monsieur le Directeur,

Je suis en ce moment au centre d'accueil de l'Armée du Salut, sur la péniche, quai d'Austerlitz, en face de la gare. Il y a un réfectoire, des douches et le dortoir est bien chauffé. J'ai passé plusieurs semaines, l'automne dernier, à la Cité du refuge de la rue Cantagrel où je travaillais dans un atelier. Je n'ai pas de qualification spéciale, sauf que j'ai été employé depuis l'âge de 15 ans dans la restauration (cafés, restaurants, etc.)

Je vous fais la liste de mes différents emplois, depuis le début :

Serveur : de 1933 à 1939 : restaurant La Flotte, 118, quai de l'Artois, Le Perreux. De 1940 (démobilisé) à juin 1942 : Café Les Tamaris, 122, rue d'Alésia (XIVe). De juin 1942 à novembre 1943 : Le Polo, 72, avenue de la Grande-Armée. De novembre 1943 à août 1944 : restaurant Chez Alexis, 47, rue Notre-Dame-de-Lorette (IXe). De 1949 à 1951 : veilleur de nuit à la pension Keppler, 9, rue Keppler (XVIe).

Je suis encore sous le coup d'une interdiction de séjour dans le département de la Seine et j'ai perdu tous mes papiers.

En espérant que vous pourrez faire quelque chose pour moi.

Avec tous mes respects.

Lombard.

Outre cette lettre, le portefeuille contenait la page d'un magazine, pliée elle aussi en quatre : l'article relatait les événements de cette nuit d'avril 1933 au cours de laquelle Urbain et Gisèle T. avaient erré de Montparnasse au Perreux avant de retourner rue des Fossés-Saint-Jacques en compagnie des deux autres couples. Plusieurs photos de couleur bistre illustraient la page du magazine. Sur l'une d'elles, on voyait le restaurant-dancing du Perreux, sur une autre l'entrée du 26, rue des Fossés-Saint-Jacques. En haut, à gauche, la photographie d'un très jeune homme aux cheveux bruns plaqués : je n'eus aucun mal à reconnaître le prétendu Pacheco, malgré la distance des années. L'arc des sourcils, le nez droit et la bouche assez charnue étaient les mêmes. À côté de cette photo, une légende : « Charles Lombard, employé d'un restaurant-dancing du Perreux, avait servi le couple, cette nuit-là. »

Ainsi, cet homme que j'avais côtoyé pendant des mois ne s'appelait pas Philippe de Pacheco. Il s'agissait d'un certain Charles Lombard, ancien garçon de café, qui fréquentait les refuges de l'Armée du Salut et en particulier la péniche amarrée quai d'Austerlitz. Pourquoi m'avait-il laissé sa valise ? Voulait-il me donner une leçon en me montrant que la réalité était plus fuyante que je ne le pensais ? Ou bien, tout simplement, il avait abandonné ces dépouilles, sûr de faire peau neuve, à Casablanca ou ailleurs.

Où et à quelle époque Lombard avait-il usurpé l'identité de Pacheco ? La carte d'identité datait de 1955. Donc, cette année-là, Pacheco était vivant. La photo qui figurait sur cette carte était celle de l'homme que j'avais connu à la Cité universitaire, de son vrai nom Charles Lombard, et il l'avait habilement substituée à la photo de Pacheco puisqu'elle portait le tampon de la préfecture de Police. Ce soir-là, je suis allé au 183 de la rue Belliard, près de la porte de Clignancourt, et la concierge m'a dit qu'aucun habitant de l'immeuble n'avait jamais porté le nom de Pacheco.

La justice avait sans doute renoncé à retrouver Pacheco. J'avais appris qu'au bout d'un certain temps une loi d'amnistie avait été promulguée pour les délits d'« intelligence avec l'ennemi ». C'est à ce moment-là que, selon toute vraisemblance, Pacheco, sortant du néant, s'était fait délivrer une carte d'identité.

J'imaginais qu'il avait traîné une silhouette de clochard. Sur la péniche du quai d'Austerlitz, il avait eu Lombard pour voisin de dortoir. L'autre lui avait volé sa carte d'identité. D'ailleurs, tout était possible dans ce quartier d'Austerlitz entre le quai de la Gare et le Jardin des Plantes : la nuit y est si profonde avec ses odeurs de vin et de charbon et ses rugissements de fauves qu'un clochard peut tomber du pont d'une péniche dans la Seine, s'y noyer, et personne n'y prête attention.

Lombard connaissait-il le passé de Pacheco au

moment où il lui avait dérobé sa carte d'identité ? En tout cas, il savait que Philippe de Pacheco se faisait appeler Philippe de Bellune et qu'il était le descendant du maréchal Victor. Je l'entendais encore me dire de sa voix sourde à la cafétéria de la Cité universitaire : « Quand j'étais plus jeune, je me faisais appeler Philippe de Bellune, mais je n'avais aucun droit à ce titre. »

Dans le dortoir de la péniche d'Austerlitz, Pacheco s'était confié à Lombard et lui avait raconté sa vie. Pourquoi, sur la carte d'identité, était-il domicilié au 183, rue Belliard, XVIIIe ? Sa mère était-elle encore vivante ? Où ? Autant de questions dont les réponses se trouvaient sans doute dans un dossier rangé parmi d'autres à la préfecture de Police. Y figuraient aussi les raisons de son internement à Dachau et de son inculpation pour « intelligence avec l'ennemi ». Mais comment obtenir ce dossier ?

Et si Pacheco avait continué de chercher asile dans les divers refuges de l'Armée du Salut ? La perte de sa carte d'identité l'avait laissé indifférent. Cela faisait longtemps déjà qu'il était mort pour tout le monde… Peut-être n'avait-il pas quitté la péniche du quai d'Austerlitz.

L'après-midi, il déambulait le long du quai, ou bien il visitait le Jardin des plantes et achevait sa journée assis dans le hall de la gare, avant de rentrer dîner au réfectoire de la péniche et de s'affaler sur la couchette du dortoir. Et la nuit tombait sur le quartier où mon père, quelques années auparavant, avait lui aussi l'aspect d'un clochard. Sauf que les Magasins généraux de Paris où on l'avait enfermé avec des centaines de gens n'étaient pas l'Armée du Salut.

Dans sa mémoire embrumée flottaient des lambeaux du passé : l'hôtel particulier de la rue Greuze. Le chien que ses grands-parents lui avaient donné pour Noël. Un rendez-vous avec une fille aux cheveux châtain clair. Ils étaient allés ensemble au cinéma, sur les Champs-Élysées. En ce temps-là, il se faisait appeler Philippe de Bellune. L'Occupation était venue, avec tous ces gens qui, eux aussi, portaient de drôles de noms et de faux titres de noblesse. Sherrer dit « l'Amiral », Draga, Mme de Seckendorff, le baron de Kermanor…

Je m'étais assis à la terrasse de l'un des cafés, vis-à-vis du stade Charléty. J'échafaudais toutes les hypothèses concernant Philippe de Pacheco dont je ne connaissais même pas le visage. Je prenais des notes. Sans en avoir clairement conscience, je commençais mon premier livre. Ce n'était pas une vocation ni un don particuliers qui me poussaient à écrire, mais tout simplement l'énigme que me posait un homme que je n'avais aucune chance de retrouver, et toutes ces questions qui n'auraient jamais de réponse.

Derrière moi, le juke-box diffusait une chanson italienne. Une odeur de pneus brûlés flottait dans l'air. Une fille s'avançait sous les feuillages des arbres du boulevard Jourdan. Sa frange blonde, ses pommettes et sa robe verte étaient la seule note de fraîcheur dans ce début d'après-midi d'août. À quoi bon tâcher de résoudre des mystères insolubles et poursuivre des fantômes, quand la vie était là, toute simple, sous le soleil ?

À vingt ans, j'éprouvais un soulagement quand je passais de la Rive gauche à la Rive droite de la Seine, en traversant le pont des Arts. La nuit était déjà tombée. Je me retournais une dernière fois pour voir briller, au-dessus de la coupole de l'Institut, l'étoile du Nord.

Tous les quartiers de la Rive gauche n'étaient que la province de Paris. Dès que j'avais abordé la Rive droite, l'air me semblait plus léger.

Je me demande aujourd'hui ce que je fuyais en traversant le pont des Arts. Peut-être le quartier que j'avais connu avec mon frère et qui, sans lui, n'était plus le même : école de la rue du Pont-de-Lodi, mairie du VIe arrondissement où avaient lieu les distributions de prix, l'autobus 63 que nous attendions devant le Café de Flore et qui nous emmenait au Bois de Boulogne… Longtemps, j'ai ressenti un malaise à marcher dans certaines rues de la Rive gauche. Maintenant, le quartier m'est devenu indifférent, comme s'il avait été reconstruit pierre par pierre après un bombardement, mais qu'il avait perdu son âme. Et pourtant, un après-midi d'été, j'ai retrouvé dans un éclair, au tournant de la rue Cardinale, quelque chose du Saint-Germain-des-Prés de mon enfance qui ressemblait à la vieille ville de Saint-Tropez, sans les touristes. De la place de l'église, la rue Bonaparte descendait vers la mer.

Une fois traversé le pont des Arts, je passais sous la voûte du Louvre, un domaine qui, lui aussi, m'était familier depuis longtemps. Sous cette voûte, une odeur de cave, d'urine et de bois pourri venait du côté gauche du passage, où nous n'osions jamais nous aventurer. Le jour tombait d'une vitre sale et tendue de toiles d'araignée, et il laissait dans une demi-pénombre des tas de gravats, de poutres, et de vieux instruments de jardinage. Nous étions sûrs que des rats se cachaient là, et nous pressions le pas pour déboucher à l'air libre, dans la cour du Louvre.

Aux quatre coins de cette cour, l'herbe poussait entre les pavés disjoints. Là aussi étaient entassés des gravats, des pierres de taille et des tiges de fer rouillées.

La cour du Carrousel était bordée de bancs de pierre, au pied des ailes du palais qui encadraient les deux petits squares. Il n'y avait personne sur ces bancs. Sauf nous. Et quelquefois un clochard. Au centre du premier square, sur un socle si haut qu'on distinguait à peine la statue, le général La Fayette était perdu dans les airs. Une pelouse qu'on ne taillait pas entourait ce socle. Nous pouvions jouer et nous allonger dans les herbes hautes sans qu'un gardien vienne jamais nous réprimander.

Dans le second square, parmi les taillis, deux statues de bronze, côte à côte : Caïn et Abel. Les grilles d'enceinte dataient du Second Empire. Les visiteurs se pressaient à l'entrée du musée du Louvre, mais nous étions les seuls enfants à fréquenter ces squares abandonnés.

La zone la plus mystérieuse s'étendait à gauche des jardins du Carrousel le long de l'aile sud qui se termine par le pavillon de Flore. C'était une grande allée, séparée des jardins par une grille et bordée de réverbères. Comme dans la cour du Louvre, la mauvaise herbe poussait entre les pavés, mais la plupart de ceux-ci avaient disparu, laissant à nu des plaques de terre. Là-haut, dans le renfoncement que faisait l'aile du palais, une horloge. Et derrière l'horloge, la cellule du prisonnier de Zenda. Aucun des promeneurs des jardins du Carrousel ne s'aventurait dans cette allée. Nous jouions des après-midi entiers parmi les vasques et les statues brisées, les pierres et les feuilles mortes. Les aiguilles de l'horloge ne bougeaient pas. Elles indiquaient pour toujours cinq heures et demie. Ces aiguilles immobiles nous enveloppent d'un silence profond et apaisant. Il suffit de rester dans l'allée et plus rien ne changera jamais.

Il y avait un commissariat de police dans la cour du Louvre, à droite de la voûte qui menait rue de Rivoli. Un panier à salade était garé à proximité. Des agents en uniforme se tenaient devant la porte entrouverte d'où filtrait une lumière jaune. Sous la voûte, à droite, l'entrée principale du commissariat. Pour moi, celui-ci était le poste frontière qui marquait vraiment le passage de la Rive gauche à la Rive droite, et je vérifiais si j'avais bien ma carte d'identité dans ma poche.

Les arcades de la rue de Rivoli, le long des magasins du Louvre. La place du Palais-Royal et sa bouche de métro. Elle donnait accès à un couloir où se succédaient de petites boutiques de cireurs de chaussures avec leur siège en cuir, des vitrines de bijoux en toc et de souvenirs. Il suffisait maintenant de choisir quel serait le but du voyage : Montmartre ou les quartiers de l'ouest.

À Lamarck-Caulaincourt, vous deviez emprunter un ascenseur pour sortir de la station. L'ascenseur était de la taille d'un téléphérique, et l'hiver, quand il avait neigé à Paris, vous pouviez croire qu'il vous menait au départ d'une piste de ski.

Dehors, vous montiez un escalier pour rejoindre la rue Caulaincourt. À la hauteur du premier palier, s'ouvrait sur le flanc de l'immeuble de gauche la porte du San Cristobal.

Il y régnait un silence et une demi-pénombre de grotte marine, les après-midi de juillet où la canicule vidait les rues de la butte Montmartre. Les fenêtres aux vitraux multicolores réfractaient les rayons de soleil sur les murs blancs et les boiseries sombres. San Cristobal… Le nom d'une île de la mer des Caraïbes, du côté de la Barbade et de la Jamaïque ? Montmartre aussi est une île que je n'ai pas revue depuis une quinzaine d'années. Je l'ai laissée loin derrière moi, intacte, dans l'azur du temps… Rien n'a changé : l'odeur de peinture fraîche de la maison, et la rue de l'Orient qui m'évoquera toujours les rues en pente de Sidi-Bou-Saïd.

C'est avec la Danoise, le soir de ma fugue du collège, que je suis allé pour la première fois au San Cristobal. Nous étions assis à une table du fond, près des vitraux.

– Qu'est-ce que tu voudrais manger, mon petit vieux ?

Pendant le dîner, j'ai essayé de lui parler de mon avenir. Maintenant qu'ils ne voudraient plus de moi au collège, pourrais-je continuer mes études ? Ou bien faudrait-il que je trouve déjà du travail ?

– À chaque jour suffit sa peine… Prends un dessert…

Elle ne semblait pas se rendre compte de la gravité de la situation. Un grand blond vêtu d'un costume prince-de-galles est entré au San Cristobal et s'est dirigé vers notre table.

– Bonjour, Tony.

– Bonjour.

Elle avait l'air ravi de le voir. Son visage était illuminé. Il s'est assis à côté de nous.

– Je te présente un ami qui était tout seul ce soir…, a-t-elle dit en me désignant. Alors, je l'ai invité à dîner.

– Tu as bien fait.

Il me souriait.

– Monsieur travaille dans la musique ?

– Non, non…, a-t-elle dit. Il s'est enfui de son collège.

Il a froncé les sourcils.

– C'est embêtant, ça… Et il n'a pas de parents ?

– Ils sont en voyage, ai-je bredouillé.

– Tony va téléphoner au collège, a dit la Danoise.

Il va se faire passer pour ton père en leur expliquant que tu es bien rentré chez toi…

– Tu crois vraiment que c'est une bonne idée ? a demandé Tony.

Il tournait doucement le bout de sa cigarette sur le rebord du cendrier.

– Tu vas le faire, Tony…

Elle avait pris un ton impérieux et le menaçait de son index dressé.

– D'accord…

C'est elle-même qui a demandé aux renseignements le numéro de téléphone du collège. Elle l'a noté sur un bout de papier.

– À toi de jouer, Tony…

– Puisque vous y tenez…

Il s'est levé et, d'une démarche nonchalante, il s'est dirigé vers la cabine téléphonique.

– Tu vas voir… Tony va arranger le coup…

Au bout d'un moment, il est revenu à notre table.

– Voilà… Ils ont dit que mon fils était renvoyé et qu'il faut que j'aille chercher ses affaires avant la fin de la semaine…

Il haussait les épaules d'un air navré. J'ai dû devenir très pâle, brusquement. Il a posé sa main sur mon épaule.

– Ne t'inquiète pas… Ils ne peuvent plus t'embêter… Je leur ai dit que tu étais bien rentré chez nous…

Nous nous sommes retrouvés tous les trois rue Caulaincourt.

– Je ne vais pas pouvoir t'accompagner au

cinéma, m'a dit la Danoise. Il faut que je reste un petit moment avec Tony…

Elle avait prévu de m'emmener au Gaumont-Palace voir *Salomon et la Reine de Saba*. Elle a fouillé dans ses poches et m'a tendu un billet de dix francs.

– Tu vas tout seul au Gaumont comme un grand… Et après, tu prends le métro et tu reviens dormir chez moi… Direction Porte Dauphine jusqu'à Étoile… Ensuite tu prends direction Nation et tu descends au Trocadéro.

Elle m'a lancé un sourire. Il m'a serré la main. Ils sont entrés tous les deux dans sa voiture bleue qui a disparu au premier tournant.

Je ne suis pas allé au cinéma, ce soir-là. Je me suis promené dans le quartier. En remontant l'avenue Junot, je suis arrivé devant le château des Brouillards. J'étais sûr qu'un jour j'habiterais par là.

Je me souviens d'un trajet en automobile, cinq ans plus tard, de Pigalle aux Champs-Élysées. J'étais venu chercher Claude Bernard dans sa librairie de l'avenue de Clichy et il voulait m'emmener au cinéma voir *Lola* ou *Adieu Philippine* qui m'ont laissé un beau souvenir… Il me semble que les nuages, le soleil et les ombres de mes vingt ans continuent à vivre, par miracle, dans ces films. D'habitude nous ne parlions entre nous que de livres et de films, mais, ce soir-là, j'ai fait allusion à mon père et à ses aventures sous l'Occupation : l'entrepôt du quai de la Gare, Pagnon, la bande de la rue Lauriston… Il a tourné son visage vers moi.

– L'un des anciens plantons de la rue Lauriston est maintenant portier de boîtes de nuit.

Comment le savait-il ? Je n'ai pas eu la présence d'esprit de le lui demander.

– Vous voulez le voir ?

Nous avons suivi le boulevard de Clichy et nous nous sommes arrêtés place Pigalle, en bordure du bassin. Il était environ neuf heures du soir.

– C'est lui…

Il me désignait un homme en costume bleu marine qui se tenait en faction devant Les Naturistes.

Vers minuit, nous remontions à pied la rue Arsène-Houssaye, dans le haut des Champs-Élysées, là où Claude Bernard avait garé sa voiture. Et nous sommes de nouveau tombés sur lui. Il portait toujours son costume bleu marine. Et des lunettes de soleil. Il demeurait immobile sur le trottoir, à la lisière de deux cabarets voisins l'un de l'autre, de sorte qu'on ne savait pas au juste pour lequel il travaillait.

J'aurais voulu le questionner au sujet de Pagnon, mais j'ai éprouvé une sensation de malaise, à l'instant où nous passions devant lui. Plus tard, j'ai cherché son nom parmi ceux des autres membres de la bande. Deux jeunes gens avaient servi de plantons, rue Lauriston : un certain Jacques Labussière et un certain Jean-Damien Lascaux. Labussière, en ce temps-là, était domicilié rue de la Ronce à Ville-d'Avray et Lascaux quelque part du côté de Villemomble. Ils avaient été condamnés à la prison à perpétuité. Lequel des deux était-il ? Je ne le reconnaissais pas, d'après les photos floues de l'un et de l'autre qui avaient paru dans les journaux de l'époque, au moment du procès.

Je l'ai retrouvé, vers 1970, sur le trottoir de la rue Arsène-Houssaye, immobile, au même endroit, avec le même complet bleu marine et les mêmes lunettes. Planton pour l'éternité. Et je me suis demandé s'il ne portait pas ces lunettes de soleil parce que ses yeux depuis trente ans s'étaient usés à voir tant de gens passer le seuil de tant de mauvais lieux…

Quelques jours plus tard, Claude Bernard avait fouillé une armoire, au fond de sa librairie, et il en avait sorti cette lettre qu'il m'avait donnée et qui datait de l'Occupation. Je l'ai gardée depuis tout ce temps-là. Lui était-elle adressée ?

Mon amour chéri, mon petit homme bien-aimé, il est une heure de l'après-midi ; je m'éveille très fatiguée. Les affaires n'ont pas très bien marché. J'ai rencontré un officier allemand au Café de la Paix, je l'ai emmené au Chantilly, j'ai fait deux bouteilles : 140 francs. À minuit, il était fatigué. Je lui avais raconté que j'habitais très loin : ainsi, il m'a loué une chambre. Il en a pris une pour lui. J'ai touché la ristourne sur les deux, soit 260 francs et il m'a donné 300 francs. Cela m'a fait mes 25 louis. Il m'avait donné rendez-vous pour hier soir dans le hall du Grand Hôtel, mais à sept heures, heure prévue, il est venu, navré, me montrant l'ordre reçu de rejoindre Brest. Après mon rendez-vous manqué, je me suis dit : « Je vais aller à Montparnasse voir au Café de la Marine si l'Ange le Maquignon est arrivé. » J'y suis allée. Pas d'Ange. Je m'apprêtais à prendre mon métro ; deux officiers allemands m'accostent et me demandent d'aller avec eux, mais je me suis aperçue que c'était des idiots ; j'ai laissé tomber. Je suis revenue au Café de la Paix. Rien à faire. Je suis allée, à la fermeture du Café de la Paix, dans le hall du Grand Hôtel. Rien. Je suis allée au bar du Claridge. Réunion protocolaire d'une bande d'officiers avec leur général. Rien. Je suis remontée à pied à Pigalle. Sur mon chemin, rien. Il était une heure du matin, environ. Je monte au Pigall's après avoir passé au Royal et au Monico où il n'y avait rien. Rien au

Pigall's non plus. En redescendant, je tombe sur deux zazous qui m'emmènent avec eux, nous avons bu deux bouteilles au Pigall's, soit 140 francs, puis nous sommes allés au Barbarina, où j'ai touché encore 140 francs. Ce matin, à six heures et demie, je suis rentrée me coucher, crevée, avec 280 francs. Au Barbarina, j'ai vu Nicole, il fallait voir sa tenue… Si tu avais pu être là, mon pauvre Jeannot, tu serais écœuré…

Jacqueline.

Qui pouvait bien être l'Ange le Maquignon que cette Jacqueline allait rejoindre au Café de la Marine ? Dans le même café, un témoin avait cru reconnaître Gisèle et Urbain T., la nuit d'avril où ils avaient fait de mauvaises rencontres à Montparnasse.

Les Champs-Élysées… Ils sont comme l'étang qu'évoque une romancière anglaise et au fond duquel se déposent, par couches successives, les échos des voix de tous les promeneurs qui ont rêvé sur ses bords. L'eau moirée conserve pour toujours ces échos et, par les nuits silencieuses, ils se mêlent les uns aux autres… Un soir de 1942, près du cinéma Biarritz, mon père s'est fait rafler par les hommes des commissaires Schweblin et Permilleux. Beaucoup plus tard, vers la fin de mon enfance, je l'accompagnais à ses rendez-vous dans le hall du Claridge et nous allions dîner tous les deux au restaurant chinois tout près, dont la salle était au premier étage. Avait-il un regard vers l'autre trottoir de l'avenue, où attendait, quelques années auparavant, le panier à salade qui l'emmènerait au Dépôt ? Je me souviens de son bureau, dans l'immeuble ocre aux grandes baies vitrées du 1, rue Lord-Byron. On pouvait ressortir, en suivant d'interminables couloirs, par l'avenue des Champs-Élysées. Je crois qu'il avait choisi ce bureau à cause de sa double issue. Il y était toujours seul avec une très jolie femme blonde, Simone Cordier. Le téléphone sonnait. Elle décrochait le combiné :

– Allô… De la part de qui ?

Puis, se tournant vers mon père, elle lui chuchotait le nom. Et elle ajoutait :

– Je lui dis que vous êtes là, Albert ?

– Non. Je ne suis là pour personne…

Et les après-midi passaient ainsi. Vides. Simone Cordier tapait des lettres à la machine. Mon père et moi nous allions souvent au cinéma sur les Champs-Élysées. Il m'emmenait voir les reprises des films qu'il avait aimés. Dans l'un d'eux jouait l'actrice allemande Dita Parlo. À la sortie du cinéma, nous avions descendu à pied l'avenue. Il m'avait dit sur un ton de confidence, inhabituel de sa part :

– Simone était une amie de Dita Parlo… J'ai connu les deux en même temps…

Puis il s'était tu, et le silence entre nous avait duré jusqu'à la place de la Concorde, où il m'avait posé des questions sur mes études.

Dix ans plus tard, je cherchais quelqu'un qui puisse taper à la machine mon premier roman. J'avais retrouvé l'adresse de Simone Cordier. Je lui avais téléphoné. Elle paraissait surprise que je me souvienne d'elle après tout ce temps, mais elle m'avait donné rendez-vous à son domicile rue de Belloy.

Je suis entré dans cet appartement, mon manuscrit sous le bras. Elle m'a demandé d'abord des nouvelles de mon père et je n'ai pas pu lui répondre, car je n'en avais plus.

– Alors, vous écrivez des romans ?

J'ai répondu oui d'une voix mal assurée. Elle m'a fait entrer dans une pièce qui devait être le salon, mais où il ne restait plus aucun meuble. La peinture beige des murs était écaillée par endroits.

– Allons au bar, m'a-t-elle dit.

Et elle me désignait d'un geste brusque un petit bar blanc au fond de la pièce. Son geste, qui m'avait frappé sur le moment par sa désinvolture apparente, je comprends aujourd'hui tout ce qu'il cachait de gêne et de désarroi. Elle s'est placée debout, derrière le bar. J'ai posé mon manuscrit sur celui-ci.

– Je vous sers un whisky ? m'a-t-elle demandé.

Je n'osais pas lui dire non. Nous étions debout l'un et l'autre de chaque côté du bar, dans la lumière incertaine que projetait une applique. Elle s'est servie, elle aussi, du whisky.

– Vous le prenez comme moi ? Pur ?

– Oui.

Je n'avais pas bu de whisky depuis que la Danoise m'en avait offert, chez Malafosse, il y avait si longtemps…

Elle a avalé une grande gorgée.

– Et vous voulez que je vous tape tout ça ?

Elle me désignait le manuscrit.

– Vous savez, je ne tape plus depuis longtemps…

Elle n'avait pas vieilli. Les mêmes yeux verts. Ce qui faisait la belle architecture du visage était resté intact : le front, l'arcade sourcilière, le nez droit. Mais son teint était un peu couperosé.

– Il faudrait que je m'y remette… J'ai perdu la main…

Je me demandais tout à coup où elle aurait pu taper à la machine, dans cette pièce vide. Debout, avec la machine posée sur le bar ?

– Si ça vous embête, lui ai-je dit, on laisse tomber…

– Mais non… pas du tout…

Elle se servait encore de whisky.

– Je vais m'y remettre… Je louerai une machine…

Elle frappait du plat de la main sur le bar.

– Vous me laissez trois pages et vous revenez dans quinze jours… Vous me rapportez encore trois pages… Et ainsi de suite… Ça vous va ?

– Oui.

– Un autre whisky ?

Après avoir quitté l'appartement de Simone Cordier, je n'ai pas tout de suite pris le métro à la station Boissière. Il faisait nuit et je me suis promené au hasard dans le quartier.

Je lui avais laissé trois pages de mon manuscrit sans grand espoir qu'elle les tape à la machine. Elle avait haussé les épaules quand je lui avais dit que j'étais sans nouvelles de mon père depuis cinq ans. Rien, décidément, ne pouvait l'étonner de la part d'« Albert », même sa disparition.

Il avait plu. Une odeur d'essence et de feuillages mouillés flottait dans l'air. Tout à coup, j'ai pensé à Pacheco. Je l'imaginais marchant sur le même trottoir. J'étais arrivé à la hauteur de l'hôtel Baltimore. Je savais qu'un soir il était allé à un rendez-vous dans cet hôtel et je me suis demandé quel genre de personne il avait bien pu y rencontrer. Peut-être l'Ange le Maquignon.

Le seul témoignage que j'avais jamais recueilli sur Pacheco avait surgi fortuitement au détour d'une conversation, chez Claude Bernard, dans sa maison de l'île aux Loups. Nous y avions dîné avec un antiquaire de Bruxelles qu'il présentait comme son associé. Par quels méandres en étions-nous venus, cet homme et moi, à parler du duc de Bellune, puis de Philippe de Bellune, *alias* de Pacheco ? Ce nom lui rappelait quelque chose. Très jeune, il avait connu sur une plage de Belgique, à Heist, près de Zeebrugge, un certain Felipe de Pacheco. Celui-ci habitait chez ses grands-parents, dans une villa délabrée, sur la digue. Il prétendait qu'il était péruvien.

Felipe de Pacheco fréquentait l'hôtel du Phare où la propriétaire, qui avait été chanteuse à l'Opéra de Liège, donnait parfois, le soir, un récital pour la clientèle. Il était amoureux de sa fille, une très jolie blonde nommée Lydia. Il passait ses nuits à boire de la bière avec des amis de Bruxelles. Il dormait jusqu'à midi. Il avait interrompu ses études et vivait d'expédients. Ses grands-parents étaient trop vieux pour le surveiller.

Et quelques années plus tard, à Paris, mon interlocuteur avait retrouvé ce garçon dans un cours d'art dramatique où il se faisait appeler Philippe de Bellune. Il assistait au cours en compagnie d'une fille aux cheveux châtain clair. Lui, c'était un jeune homme brun, avec une tache sur l'œil. Un jour, ce Philippe de Bellune avait dit qu'il venait d'obtenir un travail bien rémunéré grâce aux annonces d'un journal.

On ne les avait plus jamais revus. Ni Philippe de Bellune ni la fille aux cheveux châtain clair. Ça devait être pendant l'hiver de 1942.

J'ai consulté toutes les offres d'emplois qui paraissaient dans les journaux de cet hiver-là :

> Quelques jeunes gens, sans connaissances spéciales, sont demandés pour travail lucratif, gain immédiat. Écrire Delbarre ou Etève, Hôtel Baltimore, 88 *bis*, avenue Kléber, XVIe. Ou se présenter à cette adresse à partir de sept heures du soir.

Je me souviens d'un Hôtel de Belgique, boulevard Magenta, à la hauteur de la gare du Nord. C'est le quartier où mon père habitait dans son enfance. Et ma mère est arrivée à Paris pour la première fois, gare du Nord.

Aujourd'hui, j'ai eu envie de retourner de ce côté-là, mais la gare du Nord m'a paru si lointaine que j'y ai renoncé. Hôtel de Belgique… J'avais seize ans quand, ma mère et moi, nous avions échoué en juillet à Knokke-le-Zoute, comme des clochards. Des amis à elle avaient eu la gentillesse de nous recueillir.

Un soir, nous nous promenions tous les deux sur la grande digue d'Albert-Plage. Nous avions laissé derrière nous le casino et une zone de dunes au-delà de laquelle commençait la digue d'Heist-sur-Mer. Est-ce que nous sommes passés devant l'Hôtel du Phare ? Au retour, par l'avenue Élisabeth, j'avais remarqué plusieurs villas abandonnées dont l'une avait peut-être été celle des grands-parents de Felipe de Pacheco.

Hier soir, j'ai accompagné ma fille du côté des Gobelins. Au retour, le taxi a suivi la rue de la Santé, où un café de ceux qui portaient sur leur enseigne l'inscription : BOIS CHARBONS LIQUEURS était éclairé d'une lumière verte. Boulevard Arago, je ne détachais pas les yeux du mur sombre et interminable de la prison. C'était là où, jadis, on dressait la guillotine. De nouveau, j'ai pensé à mon père, à sa sortie de l'entrepôt du quai de la Gare et à Pagnon qui était sans doute venu le chercher cette nuit-là. Je savais que Pagnon lui-même avait été détenu à la Santé en 1941, avant d'être libéré par « Henri », le chef de la bande de la rue Lauriston.

Le taxi était arrivé à Denfert-Rochereau et prenait l'avenue qui borde l'hôpital Saint-Vincent-de-Paul, l'Observatoire et le Bureau des Longitudes. Il se dirigeait vers la Seine. Dans mes rêves, je fais souvent ce trajet : je sors d'un lieu de détention qui pourrait être l'entrepôt du quai de la Gare ou la Santé. Il fait nuit. Quelqu'un m'attend, dans une grande automobile aux banquettes de cuir. Nous quittons ce quartier d'hôpitaux, de couvents, de halles aux vins, de halles au cuir et de prisons pour nous diriger vers la Seine. À l'instant où nous atteignons la Rive droite après avoir franchi le pont du Carrousel et les guichets du Louvre, je pousse un soupir de soulagement. Je n'ai plus rien à craindre. Nous avons laissé derrière nous la zone dangereuse. Je sais bien qu'il ne s'agit que d'un répit. Plus tard, on me demandera des comptes. J'éprouve un sentiment de culpabilité dont l'objet demeure vague : un crime auquel j'ai participé en qualité de complice ou de témoin, je ne pourrais pas vraiment le dire. Et j'espère que cette ambiguïté m'évitera le châtiment. À quoi correspond ce rêve dans la vie réelle ? Au souvenir de mon père qui, sous l'Occupation, avait vécu une situation ambiguë elle aussi : arrêté dans une rafle par des policiers français sans savoir de quoi il était coupable, et libéré par un membre de la bande de la rue Lauriston ? Ceux-ci utilisaient plusieurs automobiles de luxe abandonnées par leurs propriétaires en juin 1940. « Henri » roulait dans une Bentley blanche qui avait appartenu au duc de Cadaval, et Pagnon dans une Lancia que l'écrivain allemand Erich Maria Remarque, avant son départ pour l'Amérique, avait confiée à un garagiste de la rue La Boétie. Et c'est sans doute dans la Lancia volée à Remarque que Pagnon était venu chercher mon père. Quelle étrange impression de sortir du « trou » – comme disait mon père – et de se retrouver dans l'une de ces voitures au parfum de cuir qui traverse lentement Paris en direction de la Rive droite après le couvre-feu… Mais, un jour ou l'autre, il faudra rendre des comptes.

Ce rêve que je fais souvent d'une traversée en voiture de la Rive gauche à la Rive droite, dans des circonstances troubles, je l'ai vécu moi aussi, quand je me suis enfui du collège en janvier 1960, à quatorze ans et demi. Le car que j'avais pris à la Croix-de-Berny m'a déposé porte d'Orléans, devant le Café de la Rotonde qui occupait le bas de l'un des groupes d'immeubles de la périphérie. Les rares fois que nous avions un jour de sortie, il fallait se rassembler le lundi à sept heures du matin devant le Café de la Rotonde et attendre le car qui nous ramènerait au collège. C'était une sorte de maison de correction d'apparence luxueuse pour dévoyés, rebuts de familles riches, enfants naturels de femmes qu'on appelait jadis des « poules », ou enfants abandonnés au cours d'un séjour à Paris comme des bagages encombrants : tel mon voisin de dortoir, le Brésilien Mello Rodrigues, qui n'avait pas de nouvelles de sa famille depuis un an… Afin de nous inculquer la discipline dont nos « familles » ne nous avaient pas donné l'exemple, la direction avait institué une rigueur de prytanée militaire :

marches au pas, salut aux couleurs le matin, châtiments corporels, garde-à-vous, inspection le soir dans les dortoirs, interminables parcours de piste Hébert, les jeudis après-midi…

Ce lundi 18 janvier 1960, je faisais le chemin inverse : du Café de la Rotonde, si lugubre, les lundis matin d'hiver, quand nous rentrions au « trou » par Montrouge et Malakoff, j'ai pris le métro jusqu'à Saint-Germain-des-Prés. Chez Malafosse, la Danoise a dit :

– Un whisky pour le petit vieux…

Le garçon, derrière le zinc, a souri et lui a répondu :

– On ne sert pas d'alcool aux mineurs, mademoiselle.

Elle m'en a fait boire une gorgée dans son verre à elle. Le whisky m'a semblé d'un goût particulièrement amer, mais il m'a donné le courage de leur avouer que je ne pouvais pas rentrer chez moi, car mes parents étaient absents l'un et l'autre jusqu'au mois prochain.

– Alors il faut que tu rentres dans ton collège, m'a dit celui qui portait des lunettes noires et fumait des cigarettes papier-maïs.

Je leur ai expliqué que c'était impossible : la fugue d'un élève était toujours sanctionnée par un renvoi immédiat du collège… Ils refuseraient de me garder.

– Et il n'y a personne chez toi ?

– Personne.

– Et on ne peut pas prévenir tes parents ?

– Non.

– Et tu n'as pas la clef de chez toi ?

– Non.

– Je vais m'occuper du petit vieux, a dit la Danoise.

Elle a posé sa main sur mon épaule. Nous avons pris congé des autres et nous sommes sortis de Chez Malafosse. Sa voiture était garée un peu plus loin sur le quai, après l'école des Beaux-Arts : une 203 Peugeot couleur bleu marine, aux banquettes en cuir rouge. Je la connaissais bien, cette voiture. Je l'avais vue plusieurs fois, dans le quartier, devant l'hôtel de la Louisiane et le Montana.

J'étais assis à côté d'elle sur la banquette. Elle a démarré brusquement.

– Il faut bien que quelqu'un s'occupe de toi, a-t-elle dit d'un air placide.

Nous avons suivi les quais et traversé la Seine, par le pont de la Concorde. Sur la Rive droite, je me sentais mieux, comme si la Seine était une frontière qui me protégeait d'un arrière-pays hostile. Nous étions loin du Café de la Rotonde, de la Croix-de-Berny et du collège… Mais je ne pouvais pas m'empêcher de considérer l'avenir avec inquiétude, car il me semblait avoir commis quelque chose d'irréparable.

– Vous croyez que c'est grave ? lui ai-je demandé.

– Qu'est-ce qui est grave ?

Elle s'est tournée vers moi.

– Mais non, mon petit vieux… Ça s'arrangera…

Son accent danois me rassurait. Nous suivions le Cours-la-Reine, et je me disais que je pouvais au moins compter sur elle.

– Ils vont avertir la police…

– Tu as peur de la police ?

Elle me souriait et ses yeux bleu pervenche se posaient sur moi.

– Sois tranquille, mon petit vieux…

Le bruissement doux et rauque de sa voix dissipait mon inquiétude. Nous étions arrivés place de l'Alma et nous longions l'avenue qui monte jusqu'au Trocadéro. C'était le chemin que suivait l'autobus 63 quand nous le prenions, mon frère et moi, pour aller au Bois de Boulogne. Les jours de beau temps, nous restions sur la plate-forme.

Elle ne s'est pas engagée à droite, dans l'avenue ombragée d'arbres que suivait le 63. Elle a arrêté la voiture devant les grands immeubles modernes, au début de l'avenue Paul-Doumer.

– J'habite ici.

Au rez-de-chaussée, nous avons pris un long couloir, qu'éclairaient des néons. Une silhouette en imperméable attendait devant sa porte. Un grand homme brun avec une moustache fine. Une cigarette lui pendait au coin des lèvres. Lui aussi, je l'avais déjà croisé dans les rues de Saint-Germain-des-Prés.

– Je n'avais pas la clef, a-t-il dit.

Il me souriait, l'air un peu surpris.

– C'est un copain à moi, a-t-elle dit en me désignant.

– Enchanté.

Il me serrait la main. Elle m'a dit :

– Tu vas faire une promenade, mon petit vieux… Reviens dans une heure… Ce soir, je t'invite au restaurant et après on ira au cinéma…

Elle a ouvert la porte. Ils sont entrés tous les deux. Puis elle a passé la tête dans l'entrebâillement.

– N'oublie pas le numéro de la chambre quand tu reviens. Le 23…

Du doigt elle me désignait le chiffre 23, en métal doré, sur le bois clair.

– Reviens dans une heure… Ce soir, on ira se taper la cloche à Montmartre, au San Cristobal…

L'accent danois était encore plus doux, plus caressant à cause de ces mots d'argot désuets.

Elle a refermé la porte. Je suis resté un moment immobile dans le couloir. J'ai fait un effort sur moi-même pour ne pas frapper à la porte. Je suis sorti de l'immeuble en marchant d'un pas lent et régulier, car je sentais la panique me gagner. J'ai cru que je ne parviendrais jamais à traverser la place du Trocadéro. Je me suis raisonné pour ne pas aller dans le premier commissariat de police et leur avouer mon crime. Mais non, c'était idiot. Ils m'emmèneraient dans une vraie maison de correction ou ce qu'ils appelaient « un centre surveillé ». Est-ce que je pouvais vraiment avoir confiance dans la Danoise ? J'aurais dû rester sur le trottoir de l'avenue Paul-Doumer, pour voir si elle ne partait pas. Le brun en imperméable qui était entré chez elle pouvait la persuader de ne plus s'occuper de moi. Chambre 23. Il ne fallait pas que j'oublie le numéro. Encore trois quarts d'heure à passer. Et même si elle n'était plus là, je l'attendrais devant la porte de l'immeuble, sans me faire remarquer, jusqu'à son retour.

J'essayais de me rassurer en remuant toutes ces

pensées dans ma tête. De l'autre côté de la place, l'arrêt du 63. Est-ce que j'avais le temps d'aller jusqu'au Bois de Boulogne et de revenir ? Il me restait 10 francs. Mais je craignais de me retrouver tout seul dans cet autobus, et tout seul sur la pelouse de la Muette et au bord du lac, ces endroits où j'allais encore, il y a quelques années, avec mon frère. J'ai préféré m'engager sur l'esplanade d'où l'on domine Paris. Et j'ai descendu les allées en pente du jardin que baignait un soleil d'hiver. Il n'y avait personne. Je me sentais mieux. Au-dessus de moi les immenses fenêtres et la corniche du palais. J'avais l'impression que les salles et les galeries, à l'intérieur, étaient aussi désertes que les jardins. J'ai voulu m'asseoir sur un banc. Au bout d'un instant, cette immobilité a provoqué chez moi, de nouveau, un début de panique. Alors, je me suis levé et j'ai continué à marcher le long des allées, vers la Seine.

J'étais arrivé devant l'Aquarium. J'ai pris un ticket d'entrée. C'était comme si je pénétrais dans une station de métro. Au bas des escaliers, il faisait noir, mais cela me rassurait. Dans la salle où je débouchai, seuls les aquariums étaient éclairés. Peu à peu, au fond de cette pénombre, je retrouvai le calme. Rien n'avait plus aucune importance. J'étais loin de tout, de mes parents, du collège, du vacarme de la vie dont le seul bon souvenir était cette voix douce et bruissante à l'accent danois… Je m'approchai des aquariums. Les poissons avaient des teintes aussi vives que celles des autos tamponneuses de mon enfance : rose, bleu turquoise, vert émeraude…

Ils ne faisaient pas de bruit. Ils glissaient le long des parois de verre. Ils ouvraient la bouche sans émettre aucun son, mais de temps en temps des bulles montaient à la surface de l'eau. Ils ne me demanderaient jamais de comptes.

Là, sur le trottoir de l'avenue Henri-Martin, je me suis dit que les dimanches soir d'hiver sont aussi tristes dans les quartiers de l'Ouest que du côté des Ursulines et sur la place glacée du Panthéon.

J'ai senti une pression au creux de la poitrine, une fleur dont les pétales s'agrandissaient et me faisaient suffoquer. J'étais cloué au sol. Par bonheur, la présence de mes filles me rattachait au présent. Sinon tous les anciens dimanches soir, avec leur rentrée au pensionnat, la traversée du Bois de Boulogne, les manèges disparus de Neuilly, les veilleuses du dortoir, ces dimanches-là m'auraient submergé de leur odeur de feuilles mortes. Quelques fenêtres éclairées aux façades des immeubles étaient elles-mêmes des veilleuses qu'on aurait laissées allumées depuis trente ans, dans des appartements vides.

Le souvenir de Jacqueline a surgi des flaques de pluie et des lumières qui brillaient pour rien aux fenêtres des immeubles. J'ignore si elle est encore vivante quelque part. La dernière fois que je l'ai vue, c'était il y a vingt-quatre ans, dans le hall de la gare de l'Ouest, à Vienne. Je m'apprêtais à quitter cette ville pour retourner à Paris, mais elle voulait y rester. Elle a dû encore habiter quelque temps la chambre de la Taubstummgasse derrière l'église Saint-Charles, et puis je suppose qu'elle aussi à son tour est partie pour de nouvelles aventures.

Je me demande où sont aujourd'hui certaines personnes que j'ai connues à la même époque. J'essaie d'imaginer quelle pourrait bien être la ville où j'aurais une chance de les rencontrer. Je suis sûr qu'elles ont quitté Paris définitivement. Et je pense à Rome où l'on finit par échouer et où le temps s'est arrêté comme l'horloge des jardins du Carrousel de mon enfance.

Cet été-là, nous nous trouvions depuis plusieurs mois dans une autre ville étrangère, à Vienne, et nous avions même l'intention de rester là-bas pour toujours. Une nuit, aux alentours du Graben, nous étions entrés dans un café dont la porte était celle d'un immeuble. Le vestibule donnait accès à une grande salle au parquet grisâtre qui avait l'aspect d'un cours de danse ou du hall désaffecté d'un hôtel, ou même d'un buffet de gare. La lumière tombait de tubes de néon, fixés aux murs.

J'avais découvert cet endroit au hasard d'une promenade. Nous nous sommes assis à l'une des tables disposées en rangs, et qu'un large espace séparait les unes des autres. Il n'y avait que trois ou quatre clients qui parlaient entre eux à voix basse.

Bien sûr, c'est moi qui ai entraîné ce soir-là Jacqueline au Café Rabe. Mais cette fille, qui avait exactement mon âge, attirait les fantômes. À Paris, le dimanche soir où je l'avais remarquée pour la première fois, elle était en si curieuse compagnie… Et maintenant, au Café Rabe, quelle rencontre provoquerait-elle ?

Un homme est entré. Il portait une veste de tweed. Il s'est dirigé en boitant très fort vers le comptoir au fond de la salle, s'est servi lui-même d'une carafe d'eau et d'un verre. De sa démarche cassée, il est venu s'asseoir à la table voisine de la nôtre.

Je me suis demandé si ce n'était pas le propriétaire du café. Il a surpris quelques mots de notre conversation, car il s'est tourné vers nous :

– Vous êtes français ?

Il avait un très léger accent. Il souriait. Il s'est présenté :

– Rudy Hiden…

J'avais déjà entendu ce nom sans savoir à qui il appartenait. Le visage aux traits réguliers aurait pu être celui d'un acteur de cinéma. Sur le moment, son prénom, Rudy, m'avait frappé. C'était le prénom de mon frère. Et il évoquait des images romantiques : Mayerling, les funérailles de Valentino, un empereur d'Autriche qui souffrait de mélancolie en des temps lointains.

Avec Rudy Hiden nous avons échangé des propos courtois, comme des voyageurs qui ne se connaissent pas et sont assis à la même table d'un wagon-restaurant. Il nous a dit qu'il avait vécu à Paris, qu'il n'y était pas retourné depuis longtemps et qu'il regrettait beaucoup cette ville. Il nous a saluÃ©s d'un mouvement cÃ©rÃ©monieux de la tÃªte quand nous avons quittÃ© le CafÃ© Rabe.

Plus tard, j'ai appris qu'il avait Ã©tÃ© le plus grand gardien de but de l'histoire du football. J'ai essayÃ© de retrouver des photos de lui et de tous ses amis autrichiens aux noms mÃ©lodieux qui faisaient partie du Wunderteam de Vienne et qui avaient Ã©bloui de leur grÃ¢ce le public des stades. Rudy Hiden avait dÃ» abandonner le football. Il avait tenu une boÃ®te de nuit, Ã Paris, rue Magellan. Puis un bar, rue de la MichodiÃ¨re. Il s'Ã©tait brisÃ© la jambe. Il Ã©tait revenu Ã Vienne, sa ville natale, oÃ¹ il menait une vie de clochard.

Je le revois sous la lumiÃ¨re de nÃ©on du CafÃ© Rabe qui s'avance vers nous de sa dÃ©marche cassÃ©e. Est-ce un hasard si je tombe sur une phrase d'une lettre de Scott Fitzgerald qui me fait penser Ã lui : Â« Je suis convaincu que tous les boxeurs professionnels, les acteurs, les Ã©crivains qui vivent de leurs talents devraient, pendant leurs annÃ©es les plus fÃ©condes, se mettre entre les mains d'un manager. L'Ã©lÃ©ment Ã©phÃ©mÃ¨re de ce talent paraÃ®t si â€œdiffÃ©rentâ€ de nous, quelque chose qui nous est Ã©tranger et qui se dissimule dans un pli si secret de notre Ãªtre, qu'il faudrait, semble-t-il, en confier la garde Ã un conservateur plus sÃ»r que le pauvre homme qu'elle habite et qui doit, en dÃ©finitive, payer la note. Â»

Et se retrouver au CafÃ© Rabe.

J'avais connu Jacqueline un dimanche soir, à Paris, dans le XVIe. Drôle d'arrondissement. Claude Bernard, par exemple, dont je serais curieux de consulter le casier judiciaire pour en savoir plus long sur l'homme que j'ai rencontré à dix-neuf ans, dînait souvent dans les restaurants de ce quartier de l'Ouest. Les membres de la bande de la rue Lauriston aussi. Pagnon habitait dans un meublé de luxe au 48 *bis* de la rue des Belles-Feuilles. Il fréquentait les manèges de Neuilly et même le terrain du Cercle de l'Étrier, au Bois de Boulogne, qu'il avait fait réquisitionner un après-midi par « Henri » pour que sa maîtresse puisse monter à cheval toute seule, sans être gênée par personne…

J'ai beau fouiller dans ma mémoire à la recherche de souvenirs concernant le XVIe, je n'y retrouve que des appartements vides, comme si on venait d'y effectuer une saisie : ainsi, le salon de Simone Cordier.

Ce dimanche soir-là, il pleuvait. C'était en octobre ou en novembre. Claude Bernard m'avait donné rendez-vous pour dîner dans un restaurant de la rue de la Tour. La veille, je lui avais vendu les œuvres complètes de Balzac – édition Veuve Houssiaux. Je suis arrivé le premier. Pas d'autre client que moi. J'ai attendu dans une petite salle aux boiseries claires. Des photos de jockeys et de maîtres de manège dont la plupart étaient dédicacées, ornaient les murs.

Trois personnes ont fait une entrée bruyante : un homme blond d'une cinquantaine d'années, grand, fort, qui portait une veste de chasse et un foulard ; un brun beaucoup plus jeune et plus petit que lui, et une fille de mon âge, les cheveux châtains et les yeux clairs, enveloppée dans un manteau de fourrure. Le patron du restaurant s'est dirigé vers eux, le sourire aux lèvres.

– Quoi de neuf ?

Le petit brun l'a toisé d'un air triomphant.

– Vierzon-Paris en une heure un quart… Il n'y avait personne sur la route… cent cinquante kilomètres à l'heure de moyenne… Je leur ai foutu une frousse bleue…

Il désignait la fille et l'homme blond en veste de chasse. Celui-ci haussa les épaules.

– Il se prend pour un pilote de course. Il oublie qu'à vingt ans je courais avec Wimille et Sommer…

Les trois hommes s'esclaffèrent. La fille, elle, avait l'air de bouder. Le patron leur choisit une table vis-à-vis de la mienne. Ils n'avaient pas remarqué ma présence. Le brun me tournait le dos. L'autre était assis à côté de la fille, sur la banquette. Celle-ci n'avait pas ôté son manteau de fourrure. Le téléphone sonna. L'appareil était sur le bar, à ma droite.

– C'est pour vous, monsieur…

Le patron me tendait le combiné. Je me levai. Leurs regards, à tous les trois, se posèrent sur moi. Le brun s'était même retourné. Claude Bernard s'excusait de ne pas pouvoir venir me rejoindre. Il était « bloqué – me disait-il – dans sa maison de l'île des Loups à cause d'une visite imprévue ». Il me demandait si j'avais assez d'argent pour payer la note de mon dîner. Par chance, j'avais gardé dans la poche intérieure de ma veste les 3 000 francs de la vente des Balzac. Quand je raccrochai, mon regard rencontra celui de la fille. Je n'osais pas quitter le restaurant sans dîner, car il aurait fallu que je demande mon manteau qu'un garçon avait rangé dans un vestiaire, tout au fond.

Je suis revenu à plusieurs reprises dans cet endroit. J'étais en compagnie de Claude Bernard. Ou bien seul. Claude Bernard s'étonnait de mon assiduité à fréquenter la rue de la Tour. Je voulais en savoir plus long sur cette fille qui ne quittait pas son manteau de fourrure et qui avait toujours l'air boudeur.

Chaque dimanche, ils faisaient leur entrée, vers neuf heures et demie du soir. Ils étaient quatre ou cinq, parfois plus. Ils parlaient bruyamment, et le patron les traitait avec une amabilité respectueuse. La fille était assise à leur table, très droite, et toujours à côté du blond en veste de chasse. Elle ne disait pas un mot. Elle semblait absente. Son manteau de fourrure contrastait avec la jeunesse de son visage.

« Vierzon-Paris en une heure un quart… Il n'y avait personne sur la route… » L'écho de ces paroles, que j'avais entendu prononcer le premier dimanche, est aujourd'hui si lointain que je dois tendre l'oreille. Les années le recouvrent d'un grésillement de parasites… Vierzon… Ils revenaient de Sologne où le blond en veste de chasse possédait un château et des terres. Il portait un titre de marquis. Plus tard, j'ai su que son nom évoquait les pages aux tailles de guêpe de la cour des Valois et la fée Morgane dont sa famille prétendait descendre.

Mais je n'avais devant moi qu'un homme au visage lourd et à la voix grasse. J'éprouvais le malaise qui m'a pris quelques années plus tard à écouter une conversation entre des commissionnaires et des transporteurs en viande dans une auberge des environs de Paris : ils parlaient de braconniers qui les fournissaient en cerfs et en chevreuils, d'abattage clandestin et de livraisons nocturnes à des boucheries chevalines, et les lieux où ils opéraient étaient ceux dont les noms si gracieux sont chantés par Nerval : Crépy-en-Valois, Mortefontaine, Loisy, La Chapelle-en-Serval…

Ils revenaient donc de Sologne. Le marquis était l'un des maîtres d'équipage d'un rallye de chasse à courre qui « découplait » – j'avais surpris ce terme dans leur bouche – en forêt de Vierzon. Ce rallye s'appelait « Sologne-Étang de Menehou ». Et moi, j'imaginais cet étang au bout d'une allée forestière, à l'heure du soleil couchant. Au lointain, une fanfare de cors de chasse me remuait le cœur. Je ne pouvais détacher le regard de l'eau dormante aux reflets roux, des feuilles de nénuphars, des joncs.

Peu à peu, la surface de l'eau devenait noire, et je voyais cette fille, dans son enfance, au bord de l'étang de Menehou…

Après quelques dimanches, le patron du restaurant commençait à me connaître. J'avais profité d'un moment où les autres n'étaient pas encore arrivés pour dîner et je lui avais demandé qui était au juste la jeune fille en manteau de fourrure, par rapport au marquis qu'elle semblait toujours accompagner et qui s'asseyait chaque fois à côté d'elle : « Une parente pauvre », m'avait-il dit en haussant les épaules.

Une parente pauvre, issue, certainement, comme le marquis, d'une maison de très ancienne noblesse dont les origines se perdaient dans la nuit des temps et au cœur des forêts d'Île-de-France et de Sologne… J'étais sûr qu'elle avait passé son enfance au pensionnat, chez les dames ursulines de Bourges. Elle était l'unique descendante de l'une de ces familles éteintes en ligne masculine et que l'on appelait « poulaines d'outre-mer », car elles demeurèrent plusieurs siècles après les croisades à Constantinople, en Grèce ou en Sicile. Beaucoup plus tard, l'un de ses ancêtres était revenu en Sologne, leur terre d'origine, pour retrouver un château en ruine au bord de l'étang de Menehou, et des tilleuls, à l'ombre desquels, en été, tournoyaient lentement de grands papillons.

Un dimanche soir, elle était encore plus boudeuse que d'habitude, dans son manteau de fourrure. J'observais de ma table les tentatives du marquis pour la dérider : il lui caressa le menton de l'index, mais elle tourna la tête d'un mouvement sec, comme si elle avait été surprise par le contact de quelque chose de visqueux. Je partageais son dégoût : les mains du marquis étaient épaisses, rouges, des mains d'étrangleur qui me rappelaient le titre d'un documentaire, *Le Sang des bêtes*. À quoi s'ajoute aujourd'hui le souvenir de cette conversation surprise entre mandataires et convoyeurs de viande qui sillonnaient le pays de Nerval. Comment ce gros blond en veste de chasse osait-il souiller de sa main ce visage si délicat ? Claude Bernard, qui s'était aperçu un dimanche de l'intérêt que j'éprouvais pour cette fille, m'avait dit gentiment : « Elle ressemble à Joan Fontaine, mon actrice préférée… »

Ce compliment ne m'avait paru qu'à moitié juste. Joan Fontaine était anglaise, alors que cette fille représentait pour moi la Française idéale, telle que je la rêvais à cette époque.

Ce soir-là, je remarquai à leur table une assemblée plus nombreuse que les autres dimanches. Je pourrais citer des noms : un certain Jean Terrail, que Claude Bernard avait reconnu parmi eux la semaine précédente, un brun dont il m'apprit qu'il dirigeait un hôtel, rue François-Ier. Or, parmi les renseignements que j'avais réunis sur Pagnon, figurait cette indication : « En 1943, a personnellement escroqué 300 000 francs en marks allemands qui lui avaient été confiés par un sieur Jean Terrail aux fins de vente. » Le monde auquel appartenaient ces gens réveillait des souvenirs d'enfance : c'était le monde de mon père. Marquis et chevaliers d'industrie. Gentilshommes de fortune. Gibier de correctionnelle. L'Ange le Maquignon. Je les tire une dernière fois du néant avant qu'ils y retournent définitivement.

Aujourd'hui, ces dîners du dimanche soir me semblent aussi éloignés dans le temps que s'il s'était écoulé un siècle. Tous les convives sont morts. Ils n'ont d'intérêt pour moi que parce qu'ils formaient autour de Jacqueline un écrin de velours pourri… Vierzon-Paris en une heure un quart… Il n'y avait personne sur la route… La porte du restaurant s'ouvre sur elle et du dehors pénètre une odeur de terre mouillée et de tilleul.

Au milieu du dîner, elle s'était levée brusquement. Le marquis avait tenté de la retenir en la prenant par l'épaule. Mais elle avait quitté leur table et, d'une démarche indolente, elle était sortie du restaurant. Le marquis n'avait pas bronché. Il avait feint l'indifférence et s'était efforcé de participer à la conversation générale.

Moi, je n'avais pas encore commencé de dîner. Je me suis levé à mon tour. Une impulsion me poussait dehors. Cela faisait des semaines que je l'épiais, et je n'avais jamais rencontré son regard.

Elle était à une dizaine de mètres devant moi, sur le trottoir. Elle marchait de son pas indolent. Je l'ai rattrapée très vite. Elle s'est retournée. Je restai interdit. J'ai réussi à bredouiller :

– Vous avez… abandonné vos amis ?

– Oui. Pourquoi vous me demandez ça ?

Elle a levé le col de son manteau de fourrure et elle l'a serré contre son cou. Ses yeux ironiques étaient fixés sur moi.

– Je crois que je connais de vue l'un de vos amis…

Elle reprenait sa marche et je la suivais, avec la crainte qu'elle me lance une remarque désobligeante. Mais elle semblait trouver naturel que je reste à ses côtés. Nous nous sommes engagés dans l'impasse bordée d'immeubles que l'on appelle l'avenue Rodin.

– Alors vous connaissez l'un de mes amis ? Lequel ?

Il s'est mis à pleuvoir. Nous nous sommes abrités sous le porche du premier immeuble.

– Le monsieur blond, lui ai-je dit. Le marquis de quelque chose.

Elle m'a souri.

– Vous voulez parler du vieux con ?

Sa voix était douce, un peu brumeuse, et ces deux mots, elle les avait prononcés sans appuyer du tout sur les syllabes. Aussitôt j'ai compris que je m'étais trompé à son sujet et que mon imagination m'avait égaré. Cela valait mieux ainsi. Pour moi, désormais, elle était tout simplement Jacqueline de l'avenue Rodin.

Nous avons attendu que la pluie cesse et nous avons marché à pied jusque chez elle. Tout droit, le long de la rue de la Tour. Puis nous avons suivi le boulevard Delessert dans cette zone de Passy construite en étages qui descendent vers la Seine. Un escalier à pic nous a menés dans une petite rue qui débouchait sur le quai. L'ascenseur était en panne. Deux pièces en enfilade. Dans l'une d'elles, un grand lit à la tête de satin blanc capitonné.

– Le vieux con va venir. Ça ne vous dérange pas si nous éteignons la lumière ?

Toujours cette voix douce et posée, comme si la chose allait de soi. Nous étions assis côte à côte sur le canapé, dans la demi-pénombre. Elle n'avait pas quitté son manteau de fourrure. Elle a rapproché son visage du mien.

– Et vous, qu'est-ce que vous faisiez, tous les dimanches soir dans ce restaurant ?

Elle m'avait pris de court. Ses lèvres ébauchaient un sourire moqueur. Elle a appuyé la tête contre mon épaule et elle a allongé les jambes sur le canapé. Je sentais l'odeur de ses cheveux. Je n'osais pas bouger. J'ai entendu le moteur d'une voiture, en bas.

– Ça doit être le vieux con, m'a-t-elle chuchoté.

Elle s'est levée et elle a regardé par la fenêtre. Le moteur s'est éteint. À mon tour, j'ai regardé. Il pleuvait très fort. Une grosse voiture noire et anglaise était arrêtée le long du trottoir. Le marquis se tenait immobile devant l'immeuble. Il ne portait ni manteau ni imperméable. Elle a quitté la fenêtre et elle est venue s'asseoir sur le canapé.

– Qu'est-ce qu'il fait ? m'a-t-elle demandé.

– Rien. Il reste sous la pluie.

Mais, au bout d'un moment, il s'est dirigé vers la porte de l'immeuble. J'entendais son pas lourd dans l'escalier. Il a sonné deux coups brefs. Puis un autre, très long. Puis des coups brefs. Elle ne bougeait pas du canapé. Il a fini par frapper contre la porte. On aurait dit qu'il essayait de la défoncer. Le silence est revenu. Son pas lourd décroissait dans l'escalier.

Je n'avais pas quitté la fenêtre. Sous la pluie battante, il a traversé la rue et il est venu s'appuyer contre le mur de soutènement de l'escalier que nous avions descendu tout à l'heure. Et il restait là, debout, le dos appuyé contre le mur, la tête levée en direction de la façade de l'immeuble. L'eau de pluie s'écoulait sur lui, du haut des escaliers, et sa veste était trempée. Mais il ne bougeait pas d'un millimètre. Il s'est alors produit un phénomène auquel j'essaie aujourd'hui de trouver une explication : le lampadaire qui éclairait, de haut, l'escalier s'est-il éteint brusquement ? Peu à peu, cet homme se fondait dans le mur. Ou bien la pluie, à force de tomber sur lui, l'effaçait comme l'eau dilue une peinture qui n'a pas eu le temps de se fixer. J'avais beau appuyer mon front contre la vitre et scruter le mur gris sombre, il n'y avait plus trace de lui. Il avait disparu de cette manière subite que je remarquerai plus tard chez d'autres personnes, comme mon père, et qui vous laisse perplexe au point qu'il ne vous reste plus qu'à chercher des preuves et des indices pour vous persuader à vous-même que ces gens ont vraiment existé.

Le printemps est précoce, cette année. Il a fait très chaud ces 18 et 19 mars 1990. Du jour au lendemain, les bourgeons sont devenus des feuilles aux marronniers du Luxembourg. Devant l'entrée du jardin, rue Guynemer, s'arrêtent des cars multicolores d'où descendent des touristes japonais. En rangs, ils suivent une allée jusqu'à la statue de la Liberté qui se dresse au bord d'une pelouse et qui est la réplique en miniature de celle de New York.

Tout à l'heure, j'étais assis sur un banc, à proximité de cette statue. Un homme aux cheveux argentés et vêtu d'un costume bleu ciel marchait en tête d'un groupe de Japonais et, devant la statue, leur donnait, avec des gestes du bras, quelques explications dans un anglais approximatif. Je me suis mêlé au groupe. Je ne quittais pas cet homme du regard, j'étais attentif au timbre de sa voix. Il m'a semblé reconnaître en lui le faux Pacheco de l'époque de la Cité universitaire. Il portait un sac de la compagnie d'aviation TWA en bandoulière. Il avait vieilli. Était-ce vraiment lui ? Le même teint bronzé, comme à son retour de Casablanca, et les mêmes yeux vides à force d'être bleus.

Je me suis rapproché de lui et j'ai eu la tentation de lui taper sur l'épaule et d'interrompre son discours. Et de lui dire en lui tendant la main : « Monsieur Lombard, je présume ? »

Les Japonais ont pris quelques photos de la statue, et leur groupe a fait demi-tour par l'allée qui mène à la grille de la rue Guynemer. L'homme à la chevelure argentée et au complet bleu ciel ouvrait la marche. Ils sont montés dans le car qui attendait le long du trottoir. L'homme comptait les Japonais à mesure qu'ils passaient devant lui.

Il est monté à son tour et il s'est assis à côté du chauffeur. Il tenait un micro à la main. Le jardin du Luxembourg n'était qu'une étape et ils allaient visiter tout Paris. J'ai eu envie de les suivre par cette matinée radieuse qui annonçait le printemps et de n'être plus qu'un simple touriste. Sans doute aurais-je retrouvé une ville que j'avais perdue et, à travers ses avenues, la sensation de légèreté et d'insouciance que j'éprouvais autrefois.

À vingt ans, j'étais parti pour Vienne avec Jacqueline de l'avenue Rodin. Je me suis souvenu des jours qui avaient précédé ce départ et d'un après-midi porte d'Italie. J'avais visité un petit chenil, au bout de l'avenue d'Italie. Dans l'une des cages, un terrier m'observait de ses yeux noirs, la tête légèrement inclinée, les oreilles dressées, comme s'il voulait engager une conversation et ne pas perdre un seul mot de ce que je lui dirais. Ou bien, tout simplement, attendait-il que je le délivre de sa prison :

ce que j'ai fait après quelques minutes d'hésitation. Pourquoi ne pas emmener ce chien à Vienne ?

Je me suis assis avec lui à une terrasse de café. C'était en juin. On n'avait pas encore creusé la tranchée du périphérique qui vous donne une sensation d'encerclement. Les portes de Paris, en ce temps-là, étaient toutes en lignes de fuite, la ville peu à peu desserrait son étreinte pour se perdre dans les terrains vagues. Et l'on pouvait croire encore que l'aventure était au coin de la rue.

Chien de printemps

pour Dominique

Sonnettes, bras ballants, on ne vient pas jusqu'ici,
Sonnettes, portes ouvertes, rage de disparaître.
Tous les chiens s'ennuient
Quand le maître est parti.

Paul Eluard

J'ai connu Francis Jansen quand j'avais dix-neuf ans, au printemps de 1964, et je veux dire aujourd'hui le peu de choses que je sais de lui.

C'était tôt, le matin, dans un café de la place Denfert-Rochereau. Je m'y trouvais en compagnie d'une amie de mon âge, et Jansen occupait une table, en face de la nôtre. Il nous observait en souriant. Puis il a sorti d'un sac qui était posé sur la banquette en moleskine, à ses côtés, un Rolleiflex. Je me suis à peine rendu compte qu'il avait fixé sur nous son objectif, tant ses gestes étaient à la fois rapides et nonchalants. Il se servait donc d'un Rolleiflex, mais je serais incapable de préciser les papiers et les procédés de tirage qu'utilisait Jansen pour obtenir la lumière qui baignait chacune de ses photos.

Le matin de notre rencontre, je me souviens de lui avoir demandé, par politesse, quel était à son avis le meilleur appareil de photo. Il avait haussé les épaules et m'avait confié qu'en définitive il préférait ces appareils en plastique noir que l'on achète dans les magasins de jouets et qui lancent un jet d'eau si l'on presse le déclic.

Il nous avait offert un café et nous avait proposé de nous prendre encore comme modèles mais cette fois-ci dans la rue. Une revue américaine l'avait chargé d'illustrer un reportage sur la jeunesse à Paris, et voilà, il nous avait choisis tous les deux : c'était plus simple et ça irait plus vite et même s'ils n'étaient pas contents en Amérique, ça n'avait aucune importance. Il voulait se débarrasser de ce travail alimentaire. À notre sortie du café, nous marchions sous le soleil, et je l'ai entendu dire avec son accent léger :

– Chien de printemps.

Une réflexion qu'il devait souvent répéter, cette saison-là.

Il nous a fait asseoir sur un banc, et ensuite il nous a placés devant un mur qu'ombrageait une rangée d'arbres, avenue Denfert-Rochereau. J'ai gardé l'une des photos. Nous sommes assis sur le banc, mon amie et moi. J'ai l'impression qu'il s'agit d'autres personnes que nous, à cause du temps qui s'est écoulé ou bien de ce qu'avait vu Jansen dans son objectif et que nous n'aurions pas vu à cette époque si nous nous étions plantés devant un miroir : deux adolescents anonymes et perdus dans Paris.

*

Nous l'avons raccompagné à son atelier tout près de là, rue Froidevaux. J'ai senti qu'il éprouvait de l'appréhension à se retrouver seul.

L'atelier était au rez-de-chaussée d'un immeuble

et l'on y accédait directement par une porte, sur la rue. Une vaste pièce aux murs blancs dans le fond de laquelle un petit escalier montait jusqu'à une mezzanine. Un lit occupait tout l'espace de la mezzanine. La pièce n'était meublée que d'un canapé gris et de deux fauteuils de la même couleur. À côté de la cheminée en brique, trois valises de cuir marron empilées les unes sur les autres. Rien sur les murs. Sauf deux photos. La plus grande, celle d'une femme, une certaine Colette Laurent comme je devais l'apprendre par la suite. Sur l'autre, deux hommes – dont l'un était Jansen, plus jeune – étaient assis côte à côte, dans une baignoire éventrée, parmi des ruines. Malgré ma timidité, je n'avais pu m'empêcher de demander à Jansen des explications. Il m'avait répondu que c'était lui, avec son ami Robert Capa, à Berlin, en août 1945.

Avant cette rencontre, le nom de Jansen m'était inconnu. Mais je savais qui était Robert Capa pour avoir vu ses photos de la guerre d'Espagne et lu un article sur sa mort en Indochine.

Les années ont passé. Loin de brouiller l'image de Capa et de Jansen, elles ont eu l'effet inverse : cette image est beaucoup plus nette dans ma mémoire qu'elle ne l'était ce printemps-là.

Sur la photo, Jansen apparaissait comme une sorte de double de Capa, ou plutôt un frère cadet que celui-ci aurait pris sous sa protection. Autant Capa, avec ses cheveux très bruns, son regard noir, et la cigarette qui lui pendait au coin des lèvres, respirait la hardiesse et la joie de vivre, autant Jansen, blond, maigre, les yeux clairs, le sourire timide et mélancolique, ne semblait pas tout à fait à son aise. Et le bras de Capa, posé sur l'épaule de Jansen, n'était pas seulement amical. On aurait dit qu'il le soutenait.

Nous nous sommes assis sur les fauteuils et Jansen nous a proposé de boire un whisky. Il est allé au fond de la pièce et il a ouvert une porte qui donnait sur une ancienne cuisine qu'il avait transformée en chambre noire. Puis il est revenu vers nous :

– Je suis désolé mais il n'y a plus de whisky.

Il se tenait un peu raide, les jambes croisées, tout au bout du canapé, comme s'il était en visite. Nous ne rompions pas le silence, mon amie et moi. La pièce était très claire avec ses murs blancs. Les deux fauteuils et le canapé étaient disposés à une trop grande distance les uns des autres, ce qui donnait une sensation de vide. On aurait pu penser que Jansen n'habitait déjà plus cet endroit. Les trois valises, dont le cuir reflétait les rayons du soleil, suggéraient un départ imminent.

– Si cela vous intéresse, a-t-il dit, je vous montrerai les photos quand elles seront développées.

J'avais inscrit son numéro de téléphone sur un paquet de cigarettes. D'ailleurs, il était dans le Bottin, nous avait-il précisé. Jansen, 9 rue Froidevaux, Danton 75-21.

Il faut croire que parfois notre mémoire connaît un processus analogue à celui des photos Polaroïd. Pendant près de trente ans, je n'ai guère pensé à Jansen. Nos rencontres avaient eu lieu dans un laps de temps très court. Il a quitté la France au mois de juin 1964, et j'écris ces lignes en avril 1992. Je n'ai jamais eu de nouvelles de lui et j'ignore s'il est mort ou vivant. Son souvenir était resté en hibernation et voilà qu'il resurgit au début de ce printemps de 1992. Est-ce parce que j'ai retrouvé la photo de mon amie et moi, au dos de laquelle un tampon aux lettres bleues indique : *Photo Jansen. Reproduction interdite* ? Ou bien pour la simple raison que les printemps se ressemblent ?

Aujourd'hui, l'air était léger, les bourgeons avaient éclaté aux arbres du jardin de l'Observatoire et le mois d'avril 1992 se fondait par un phénomène de surimpression avec celui d'avril 1964, et avec d'autres mois d'avril dans le futur. Le souvenir de Jansen m'a poursuivi l'après-midi et me poursuivrait toujours : Jansen demeurerait quelqu'un que j'avais à peine eu le temps de connaître.

Qui sait ? Un autre que moi écrira un livre sur lui, illustré par les photos qu'il retrouvera. Une collection de volumes noirs au format de poche est consacrée aux photographes célèbres. Pourquoi n'y figurerait-il pas ? Il en est digne. En attendant, si ces pages le sortent de l'oubli, j'en serai très heureux – un oubli dont il est responsable et qu'il a recherché délibérément.

Il me semble nécessaire de noter ici les quelques indications biographiques que j'ai rassemblées sur lui : il était né en 1920 à Anvers, et il avait à peine connu son père. Sa mère et lui avaient la nationalité italienne. Après quelques années d'études à Bruxelles, il quitta la Belgique pour Paris en 1938. Là, il travailla comme assistant de plusieurs photographes. Il fit la connaissance de Robert Capa. Celui-ci l'entraîna, en janvier 1939, à Barcelone et à Figueras où ils suivirent l'exode des réfugiés espagnols vers la frontière française. En juillet de la même année, il couvrit avec Capa le Tour de France. À la déclaration de guerre, Capa lui proposa de partir pour les États-Unis et obtint deux visas. Jansen, au dernier moment, décida de rester en France. Il passa les deux premières années de l'Occupation à Paris. Grâce à un journaliste italien, il travailla pour le service photographique du magazine *Tempo*. Mais cela ne lui évita pas d'être interpellé au cours d'une rafle et interné comme Juif au camp de Drancy. Il y resta jusqu'au jour où le consulat d'Italie réussit à faire libérer ses ressortissants. Puis il se réfugia en Haute-Savoie et il y attendit la fin de la guerre. De retour à Paris, il y retrouva Capa et l'accompagna à Berlin. Au cours des années suivantes, il travailla pour l'agence Magnum. Après la mort de Capa et celle de Colette Laurent – l'amie dont j'avais vu le portrait au mur de son atelier – il se replia de plus en plus sur lui-même.

J'éprouve une gêne à donner ces détails, et j'imagine l'embarras de Jansen s'il les voyait notés noir sur blanc. C'était un homme qui parlait peu. Et il aura tout fait pour qu'on l'oublie, jusqu'à partir pour le Mexique en juin 1964 et ne plus donner signe de vie. Il me disait souvent : « Quand j'arriverai là-bas, je vous enverrai une carte postale pour vous indiquer mon adresse. » Je l'ai attendue vainement. Je doute qu'il tombe un jour sur ces pages. Si cela se produisait, alors je recevrais la carte postale, de Cuernavaca ou d'ailleurs, avec ces simples mots : TAISEZ-VOUS.

Mais non, je ne recevrais rien. Il me suffit de regarder l'une de ses photos pour retrouver la qualité qu'il possédait dans son art et dans la vie et qui est si précieuse mais si difficile à acquérir : garder le silence. Un après-midi je lui avais rendu visite et il m'avait donné la photo de mon amie et moi, sur le banc. Il m'avait demandé ce que je comptais faire plus tard et je lui avais répondu :

– Écrire.

Cette activité lui semblait être « la quadrature du cercle » – le terme exact qu'il avait employé. En effet, on écrit avec des mots, et lui, il recherchait le silence. Une photographie peut exprimer le silence. Mais les mots ? Voilà ce qui aurait été intéressant à son avis : réussir à créer le silence avec des mots. Il avait éclaté de rire :

– Alors, vous allez essayer de faire ça ? Je compte sur vous. Mais surtout, que ça ne vous empêche pas de dormir…

De tous les caractères d'imprimerie, il m'avait dit qu'il préférait les points de suspension.

Je l'avais questionné au sujet des photos qu'il avait prises depuis près de vingt-cinq ans. Il m'avait désigné les trois valises de cuir, empilées les unes sur les autres.

– J'ai tout mis là-dedans… Si ça vous intéresse…

Il s'était levé et, d'un geste nonchalant, il avait ouvert la valise du dessus. Elle était remplie à ras bord et quelques photos étaient tombées. Il ne les avait même pas ramassées. Il avait fouillé à l'intérieur, et d'autres photos débordaient de la valise et s'éparpillaient sur le sol. Il avait fini par trouver un album qu'il m'avait tendu.

– Tenez… j'ai fait ça quand j'avais à peu près votre âge… Ça doit être le seul exemplaire qui reste au monde… Je vous le donne…

Il s'agissait de *Neige et Soleil*, publié en Suisse, à Genève, par les Éditions de La Colombière en 1946.

J'avais ramassé les photos qui étaient par terre et les avais rangées dans la valise. Je lui avais dit que c'était dommage de laisser tout en vrac, comme ça, et qu'il aurait fallu classer et répertorier le contenu de ces trois valises. Il m'avait regardé, l'air surpris :

– Vous n'aurez pas le temps… Je dois partir le mois prochain au Mexique.

Je pouvais toujours essayer de mener cette tâche à bien. Je n'avais rien d'autre à faire pendant la journée puisque j'avais abandonné mes études et que j'avais gagné un peu d'argent – de quoi vivre un an – grâce à la vente de meubles, de tableaux, de tapis et de livres d'un appartement abandonné.

Je ne saurai jamais ce que Jansen avait pensé de mon initiative. Je crois qu'elle le laissait indifférent. Mais il m'avait confié un double de la clé de son atelier afin que je vienne poursuivre mon travail quand il était absent. J'étais souvent seul dans la grande pièce aux murs blancs. Et chaque fois que Jansen rentrait il paraissait étonné de me voir. Un soir que je triais les photos, il s'était assis sur le canapé et m'observait sans rien dire. Enfin, il m'avait posé cette question :

– Pourquoi vous faites ça ?

Ce soir-là, il semblait brusquement intrigué par ma démarche. Je lui avais répondu que ces photos avaient un intérêt documentaire puisqu'elles témoignaient de gens et de choses disparus. Il avait haussé les épaules.

– Je ne supporte plus de les voir…

Il avait pris un ton grave que je ne lui connaissais pas :

– Vous comprenez, mon petit, c'est comme si chacune de ces photos était pour moi un remords… Il vaut mieux faire table rase…

Quand il employait une expression bien française : « la quadrature du cercle » ou « table rase », son accent devenait plus fort.

Il avait quarante-quatre ans à l'époque et je comprends mieux maintenant son état d'esprit. Il aurait voulu oublier « tout ça », être frappé d'amnésie… Mais il n'avait pas toujours été dans ces dispositions-là. En effet, derrière chacune des photos, il avait écrit une légende très détaillée qui indiquait la date à laquelle cette photo avait été prise, le lieu, le nom de celui ou celle qui y figurait, et même s'y ajoutaient certains commentaires. Je lui en avais fait l'observation.

– Je devais être aussi maniaque que vous en ce temps-là… Mais j'ai beaucoup changé, depuis…

Le téléphone avait sonné, et il m'avait dit la phrase habituelle :

– Vous leur expliquez que je ne suis pas là…

Une voix de femme. Elle avait déjà appelé plusieurs fois. Une certaine Nicole.

C'était toujours moi qui répondais. Jansen ne voulait même pas savoir le nom de la personne qui avait téléphoné. Et je l'imaginais seul, assis tout au bout du canapé, écoutant les sonneries qui se succédaient dans le silence.

Quelquefois, on sonnait à la porte. Jansen m'avait prié de ne jamais ouvrir, car les « gens » – il employait ce terme vague – risquaient d'entrer et de l'attendre dans l'atelier. À chaque sonnerie, je me cachais derrière le canapé pour qu'on ne puisse pas me voir à travers la baie vitrée qui donnait sur la rue. Tout à coup, il me semblait avoir pénétré par effraction dans l'atelier et je craignais que ceux qui sonnaient, s'apercevant d'une présence suspecte, n'avertissent le commissariat de police le plus proche.

Le « dernier carré » – comme il le disait lui-même – venait le relancer. En effet, j'avais remarqué qu'il s'agissait toujours des mêmes personnes. Cette Nicole, et aussi « les Meyendorff » comme les nommait Jansen : l'homme ou la femme demandait que Jansen « rappelle très vite ». Je notais les noms sur une feuille de papier et je lui transmettais les messages, malgré sa totale indifférence à ce sujet. J'ai retrouvé parmi d'autres souvenirs l'une de ces feuilles où sont inscrits les noms de Nicole, des Meyendorff et de deux autres personnes qui téléphonaient souvent : Jacques Besse et Eugène Deckers.

Jansen employait le terme « dernier carré » car le champ de ses relations s'était peu à peu rétréci au cours des années précédentes. J'avais fini par comprendre que la mort de Robert Capa et celle de Colette Laurent à quelque temps d'intervalle avaient produit une cassure dans sa vie.

De Colette Laurent, je ne savais pas grand-chose. Elle figurait sur de nombreuses photos de Jansen et celui-ci ne l'évoquait qu'à demi-mot.

Vingt ans plus tard, j'ai appris que j'avais croisé cette femme dans mon enfance et que j'aurais pu en parler moi aussi à Jansen. Mais je ne l'avais pas reconnue sur les photos. Il ne m'était resté d'elle qu'une impression, un parfum, des cheveux châtains, et une voix douce qui m'avait demandé si je travaillais bien en classe. Ainsi, certaines coïncidences risquent d'être ignorées de nous, certaines personnes sont apparues dans notre vie à plusieurs reprises et nous ne nous en doutions même pas.

Un printemps plus lointain encore que celui où j'ai connu Jansen, j'avais une dizaine d'années et je marchais avec ma mère quand nous avions rencontré une femme, au coin de la rue Saint-Guillaume et du boulevard Saint-Germain. Nous faisons les cent pas et ma mère et elle parlent ensemble. Leurs paroles se sont perdues dans la nuit des temps mais je m'étais souvenu du trottoir ensoleillé et de son prénom : Colette. Plus tard, j'avais entendu dire qu'elle était morte dans des circonstances troubles, au cours d'un voyage à l'étranger, et cela m'avait frappé. Il aura fallu attendre des dizaines d'années pour qu'un lien apparaisse entre deux moments de ma vie : cet après-midi au coin de la rue Saint-Guillaume et mes visites à l'atelier de Jansen, rue Froidevaux. Une demi-heure de marche d'un point à un autre, mais une si longue distance dans le temps… Et le lien, c'était Colette Laurent, dont j'ignore presque tout, sinon qu'elle avait beaucoup compté pour Jansen et qu'elle avait mené une vie chaotique. Elle était venue très jeune à Paris, d'une lointaine province.

Tout à l'heure, j'essayais d'imaginer sa première journée à Paris et j'avais la certitude que c'était une journée semblable à celle d'aujourd'hui où de grandes éclaircies succèdent aux giboulées. Un vent atlantique agite les branches des arbres et fait se retourner l'étoffe des parapluies. Les passants s'abritent sous les portes cochères. On entend les cris des mouettes. Le long du quai d'Austerlitz, le soleil brillait sur les trottoirs mouillés et les grilles du jardin des Plantes. Elle traversait pour la première fois cette ville lavée à grande eau et chargée de promesses. Elle venait d'arriver à la gare de Lyon.

*

Encore un souvenir qui remonte à mon enfance, concernant Colette Laurent. Mes parents louaient, l'été, un minuscule bungalow à Deauville, près de l'avenue de la République. Colette Laurent était arrivée un soir à l'improviste. Elle paraissait très fatiguée. Elle s'était enfermée dans le petit salon et y avait dormi pendant deux jours de suite. Nous parlions à voix basse, ma mère et moi, pour ne pas la déranger.

Le matin de son réveil, elle avait voulu m'emmener à la plage. Je marche à côté d'elle, sous les arcades. À la hauteur de la librairie Chez Clément Marot, nous traversons la rue. Elle a posé sa main sur mon épaule. Au lieu de continuer à marcher tout droit vers la plage, elle m'entraîne jusqu'à l'hôtel Royal. Devant l'entrée de celui-ci, elle me dit :

– Tu demandes au monsieur du comptoir s'il a une lettre pour Colette…

J'entre dans le hall et je demande en bredouillant au concierge s'il a « une lettre pour Colette ». Il ne semble pas surpris de ma question. Il me tend une enveloppe marron très grande et très épaisse sur laquelle est inscrit son nom à l'encre bleue : COLETTE.

Je sors de l'hôtel et je lui donne l'enveloppe. Elle l'ouvre et regarde à l'intérieur. Je me demande encore aujourd'hui ce qu'elle contenait.

Puis elle m'accompagne jusqu'à la plage. Nous nous asseyons sur des transats, près du bar du Soleil. À cette heure-là, il n'y a personne d'autre que nous deux.

J'avais acheté deux cahiers rouges de marque Clairefontaine, l'un pour moi, l'autre pour Jansen, afin que le répertoire des photos fût établi en double exemplaire. Je craignais qu'au cours de son voyage vers le Mexique il n'égarât le fruit de mon travail, par indifférence ou distraction. Je préférais donc conserver un double de celui-ci. Aujourd'hui, il me cause une drôle de sensation lorsque j'en feuillette les pages : celle de consulter un catalogue très détaillé de photos imaginaires. Quel a été leur sort, si l'on n'est même pas certain de celui de leur auteur ? Jansen a-t-il emmené avec lui les trois valises, ou bien a-t-il tout détruit avant son départ ? Je lui avais demandé ce qu'il comptait faire de ces trois valises et il m'avait dit qu'elles l'encombraient et qu'il ne voulait surtout pas avoir « un excédent de bagages ». Mais il ne m'a pas proposé de les garder avec moi à Paris. Au mieux, elles achèvent de pourrir maintenant dans quelque faubourg de Mexico.

Un soir que j'étais resté dans l'atelier plus tard que d'habitude, il était rentré et m'avait surpris à l'instant où je recopiais dans le deuxième cahier ce que j'avais déjà noté dans le premier. Il s'était penché au-dessus de mon épaule :

– C'est un travail de bénédictin, mon petit… Vous n'êtes pas trop fatigué ?

Je sentais une pointe d'ironie dans sa voix.

– Si j'étais vous, je pousserais les choses encore plus loin… Je ne me contenterais pas des deux cahiers… Je ferais un répertoire général où seraient mentionnés par ordre alphabétique les noms et les lieux qui figurent sur ces photos…

Il souriait. J'étais déconcerté. J'avais l'impression qu'il se moquait de moi. Le lendemain, je commençais à dresser le répertoire dans un grand agenda par ordre alphabétique. J'étais assis sur le canapé, parmi les piles de photos que je sortais au fur et à mesure des valises, et j'écrivais tour à tour sur les deux cahiers et sur l'agenda. Cette fois-ci, le sourire de Jansen s'était figé et il me considérait avec stupéfaction.

– Je plaisantais, mon petit… Et vous m'avez pris au pied de la lettre…

Moi, je ne plaisantais pas. Si je m'étais engagé dans ce travail, c'est que je refusais que les gens et les choses disparaissent sans laisser de trace. Mais pouvons-nous jamais nous y résoudre ? Et Jansen, après tout, avait manifesté le même souci. En consultant le répertoire que j'ai gardé, je m'aperçois qu'un grand nombre de ses photos étaient des photos de Paris ou des portraits. Il avait inscrit au dos des premières l'endroit où il les avait prises, sinon il m'aurait été souvent difficile de les localiser. On y voyait des escaliers, des bords de trottoir, des caniveaux, des bancs, des affiches lacérées sur des murs ou des palissades. Aucun goût pour le pittoresque mais tout simplement son regard à lui, un regard dont je me rappelle l'expression triste et attentive.

J'avais découvert, parmi les photos, sur une feuille de papier à lettres, quelques notes écrites par Jansen et intitulées : « La lumière naturelle ». Il s'agissait d'un article que lui avait demandé une revue de cinéma, car il avait servi de conseiller technique bénévole à certains jeunes metteurs en scène du début des années soixante en leur apprenant à utiliser les floods des opérateurs américains d'actualités pendant la guerre. Pourquoi ces notes m'avaient-elles tant frappé à l'époque ? Depuis lors, je me suis rendu compte à quel point il est difficile de trouver ce que Jansen appelait la « lumière naturelle ».

Il m'avait expliqué qu'il lacérait lui-même les affiches dans les rues pour qu'apparaissent celles que les plus récentes avaient recouvertes. Il décollait leurs lambeaux couche par couche et les photographiait au fur et à mesure avec minutie, jusqu'aux derniers fragments de papier qui subsistaient sur la planche ou la pierre.

J'avais numéroté les photos selon leur ordre chronologique :

325. *Palissade de la rue des Envierges.*
326. *Mur rue Gasnier-Guy.*
327. *Escalier de la rue Lauzin.*
328. *Passerelle de la Mare.*

329. *Garage de la rue Janssen.*
330. *Emplacement de l'ancien cèdre au coin des rues Alphonse-Daudet et Leneveux.*
331. *Pente de la rue Westermann.*
332. *Colette. Rue de l'Aude.*

J'avais dressé la liste des noms de ceux dont Jansen avait fait les portraits. Il les avait abordés dans la rue, dans des cafés, au hasard d'une promenade.

La mienne, aujourd'hui, m'a entraîné jusqu'à l'orangerie du jardin du Luxembourg. J'ai traversé la zone d'ombre sous les marronniers, vers les tennis. Je me suis arrêté devant le terrain du jeu de boules. Quelques hommes disputaient une partie. Mon attention s'est fixée sur le plus grand d'entre eux, qui portait une chemise blanche. Une photo de Jansen m'est revenue en mémoire, au dos de laquelle était écrite cette indication que j'avais recopiée sur le répertoire : *Michel L. Quai de Passy. Date indéterminée.* Un jeune homme en chemise blanche était accoudé au marbre d'une cheminée dans un éclairage trop concerté.

Jansen se souvenait très bien des circonstances dans lesquelles il avait fait cette photo. Il n'avait plus un sou et Robert Capa, qui connaissait toutes sortes de gens, lui avait trouvé un travail très facile et très bien rémunéré. Il s'agissait d'aller chez une Américaine, quai de Passy, avec tout le matériel nécessaire aux photos de studio.

Jansen avait été surpris par le luxe, l'immensité et les terrasses de l'appartement. L'Américaine était une femme d'une cinquantaine d'années à la beauté encore éclatante mais qui aurait pu être la mère du jeune Français qui lui tenait compagnie. C'était lui que Jansen devait photographier. L'Américaine voulait plusieurs portraits de ce « Michel L. », dans le style des photographes de Hollywood. Jansen avait installé les projecteurs comme s'il était familier de ce genre de travail. Et il avait vécu pendant six mois avec l'argent que lui avaient rapporté les photos de « Michel L. ».

Plus j'observais l'homme qui se préparait à lancer sa boule, plus j'étais persuadé de reconnaître en lui « Michel L. ». Ce qui m'avait frappé sur la photo, c'étaient les yeux à fleur de peau et bridés vers les tempes, qui donnaient à « Michel L. » un regard étrange, à facettes, et laissaient supposer que son angle de vision était plus large que la normale. Et cet homme, là, devant moi, avait les mêmes yeux bridés vers les tempes et la même silhouette que « Michel L. ». La chemise blanche accentuait encore la ressemblance, malgré les cheveux gris et le visage empâté.

Le terrain était cerné par une grille et je n'osais pas franchir cette frontière et troubler la partie. Il y avait un écart de plus de quarante ans entre le « Michel L. » qui s'était fait photographier par Jansen et le joueur de boules d'aujourd'hui.

Il s'est approché de la grille tandis que l'un de ses compagnons lançait sa boule. Il me tournait le dos.

– Pardon, monsieur…

Ma voix était si blanche qu'il ne m'a pas entendu.

– Pardon, monsieur… Je voudrais vous demander un renseignement…

Cette fois-ci, j'avais parlé beaucoup plus fort et articulé les syllabes. Il s'est retourné. Je me suis campé bien droit devant lui.

– Vous avez connu le photographe Francis Jansen ?

Ses yeux étranges semblaient fixer quelque chose à l'horizon.

– Vous dites ?

– Je voulais savoir si vous vous êtes fait photographier dans le temps par le photographe Francis Jansen ?

Mais, là-bas, une discussion éclatait entre les autres. L'un d'eux venait nous rejoindre :

– Lemoine… c'est à toi…

Maintenant, j'avais l'impression qu'il regardait de côté et qu'il ne me voyait plus. Pourtant, il m'a dit :

– Excusez-moi… Je dois pointer…

Il se mettait en position et lançait la boule. Les autres s'exclamaient. Ils l'entouraient. Je ne comprenais pas les règles de ce jeu mais je crois qu'il avait gagné la partie. En tout cas, il m'avait complètement oublié.

Je regrette aujourd'hui de n'avoir pas pris quelques photos dans les valises. Jansen ne s'en serait même pas aperçu. D'ailleurs, si je lui avais demandé de m'offrir toutes celles qui m'intéressaient, je suis sûr qu'il aurait accepté.

Et puis, sur le moment, on ne pense jamais à poser les questions qui auraient provoqué des confidences. Ainsi, par discrétion, j'évitais de lui parler de Colette Laurent. Cela aussi, je le regrette.

La seule photo que j'aie gardée, c'est justement une photo d'elle. J'ignorais encore que je l'avais connue une dizaine d'années auparavant mais son visage devait quand même me rappeler quelque chose.

La photo porte la mention : *Colette. 12, hameau du Danube*. Quand le jour se prolonge jusqu'à dix heures du soir, à cause de l'heure d'été, et que le bruit de la circulation s'est tu, j'ai l'illusion qu'il suffirait que je retourne dans les quartiers lointains pour retrouver ceux que j'ai perdus et qui sont demeurés là-bas : hameau du Danube, poterne des Peupliers ou rue du Bois-des-Caures. Elle s'appuie du dos contre la porte d'entrée d'un pavillon, les mains dans les poches de son imperméable. Chaque fois que je regarde cette photo, j'éprouve une sensation douloureuse. Le matin, vous essayez de vous rappeler le rêve de la nuit, et il ne vous en reste que des lambeaux que vous voudriez rassembler mais qui se volatilisent. Moi, j'ai connu cette femme dans une autre vie et je fais des efforts pour m'en souvenir. Un jour, peut-être, parviendrai-je à briser cette couche de silence et d'amnésie.

Jansen était de moins en moins souvent dans l'atelier. Vers sept heures du soir, il me téléphonait :

– Allô... le Scribe ?

Il m'avait donné ce surnom. Il me demandait s'il n'y avait pas eu de coup de sonnette et s'il pouvait rentrer en toute tranquillité sans tomber sur un visiteur impromptu. Je le rassurais. Juste une communication téléphonique des Meyendorff au début de l'après-midi. Non, pas de nouvelles de Nicole.

– Alors, j'arrive, me disait-il. À tout de suite, le Scribe.

Parfois, il rappelait, au bout d'une demi-heure :

– Vous êtes sûr que Nicole n'est pas dans les parages ? Je peux vraiment rentrer ?

J'avais interrompu mon travail et je l'attendais encore quelque temps. Mais il ne venait pas. Alors, je quittais l'atelier. Je suivais la rue Froidevaux, le long du cimetière. Ce mois-là, les arbres avaient retrouvé leurs feuillages et je craignais que cette Nicole ne se cachât derrière l'un d'eux, pour épier le passage de Jansen. À ma vue, elle marcherait vers moi et me demanderait où il était. Elle pouvait aussi se tenir en faction au coin des petites rues qui débouchaient sur le trottoir de gauche et me suivre à distance dans l'espoir que je la mènerais à lui. Je marchais d'un pas rapide et me retournais furtivement. Au début, à cause de ce que m'en disait Jansen, je considérais Nicole comme un danger.

Un après-midi, elle est venue sonner à l'atelier en l'absence de Jansen et j'ai brusquement décidé de lui ouvrir. J'étais gêné de lui répondre toujours au téléphone que Jansen n'était pas là.

Quand elle m'a vu dans l'entrebâillement de la porte, une expression de surprise inquiète a traversé son regard. Peut-être a-t-elle cru, un instant, que Jansen était parti pour de bon et qu'un nouveau locataire occupait maintenant l'atelier.

Je l'ai tout de suite rassurée. Oui, c'était bien moi qui répondais au téléphone. Oui, j'étais un ami de Francis.

Je l'ai fait entrer et nous nous sommes assis tous les deux, elle sur le canapé, moi sur l'un des fauteuils. Elle avait remarqué les deux cahiers, le grand agenda, les valises ouvertes et les piles de photos. Elle m'a demandé si je travaillais pour Francis.

– J'essaye de dresser un catalogue de toutes les photos qu'il a prises.

Elle a hoché gravement la tête.

– Ah oui… Vous avez raison… C'est très bien…

Il y a eu un instant de gêne entre nous. Elle a rompu le silence :

– Vous ne savez pas où il est ?

Elle l'avait dit d'un ton à la fois timide et précipité.

– Non… Il vient de moins en moins ici…

Elle a sorti de son sac un étui à cigarettes qu'elle ouvrait puis refermait. Elle m'a regardé droit dans les yeux :

– Vous ne pourriez pas intervenir pour moi et lui demander de m'accorder une dernière entrevue ?

Elle a eu un rire bref.

– Cela fait longtemps que vous le connaissez ? ai-je dit.

– Six mois.

J'aurais aimé en savoir plus long. Avait-elle partagé la vie de Jansen ?

Elle jetait des regards curieux autour d'elle comme si elle n'était pas venue ici depuis une éternité et qu'elle voulait constater les changements. Elle devait avoir environ vingt-cinq ans. Elle était brune et ses yeux d'une couleur claire : vert pâle ou gris ?

– C'est un drôle de type, a-t-elle dit. Il est très gentil et puis, d'un jour à l'autre, il disparaît… Vous aussi, il vous a fait ce coup-là ?

Je lui ai répondu que, souvent, je ne savais pas où il était.

– Depuis quinze jours, il ne veut plus me voir ni me parler au téléphone.

– Je ne crois pas que cela soit de la méchanceté de sa part, ai-je dit.

– Non… non… Je sais… Ça lui arrive de temps en temps… Il a des absences… Il fait le mort… Et puis il réapparaît…

Elle a sorti une cigarette de son étui et me l'a tendue. Je n'ai pas osé lui dire que je ne fumais pas. Elle en a pris une, elle aussi. Puis elle a allumé la mienne avec un briquet. J'ai aspiré une bouffée et j'ai toussé.

– Comment vous expliquez ça ? m'a-t-elle demandé brusquement.

– Quoi ?

– Cette manie qu'il a de faire le mort ?

J'ai hésité un instant. Puis j'ai dit :

– C'est peut-être à cause de certains événements de sa vie…

Mon regard est venu se poser sur la photo de Colette Laurent accrochée au mur. Elle aussi avait environ vingt-cinq ans.

– Je vous dérange peut-être dans votre travail…

Elle était sur le point de se lever et de partir. Elle me tendrait la main et me confierait certainement un nouveau message inutile pour Jansen. Je lui ai dit :

– Mais non… Restez encore un moment… On ne sait jamais… Il peut revenir d'un instant à l'autre…

– Et vous croyez qu'il sera content de me voir ici ?

Elle me souriait. Pour la première fois depuis qu'elle était entrée dans l'atelier, elle faisait vraiment attention à moi. Jusque-là, j'étais dans l'ombre de Jansen.

– Vous prenez ça sous votre responsabilité ?

– Sous mon entière responsabilité, lui ai-je dit.

– Alors, il risque d'avoir une mauvaise surprise.

– Mais non. Je suis sûr qu'il sera très content de vous voir. Il a tendance à se replier sur lui-même.

Je devenais volubile tout à coup, pour cacher ma timidité et mon embarras car elle me fixait de ses yeux clairs. J'ai ajouté :

– Si on ne lui force pas la main, il risque de faire le mort pour de bon.

J'ai refermé les cahiers et l'agenda qui traînaient par terre et rangé les piles de photos dans l'une des valises.

– Vous l'avez connu comment ? lui ai-je demandé.

– Oh… par hasard… tout près d'ici… dans un café…

Était-ce le même café de Denfert-Rochereau où nous l'avions rencontré, mon amie et moi ?

Elle a froncé les sourcils, des sourcils bruns, qui contrastaient avec ses yeux clairs.

– Quand j'ai su son métier je lui ai demandé de faire des photos de moi… J'en avais besoin pour mon travail… Il m'a emmenée ici… Et il m'a fait de très belles photos…

Elles ne m'étaient pas encore tombées sous la main. Les plus récentes de celles que j'avais déjà répertoriées dataient de 1954. Peut-être n'avait-il rien conservé à partir de cette année-là.

– Alors, si je comprends bien, il vous a engagé comme secrétaire ?

Elle me fixait toujours de ses yeux transparents.

– Pas du tout, lui ai-je dit. Il n'a plus besoin d'un secrétaire. Il exerce de moins en moins son métier.

La veille, il m'avait invité dans un petit restaurant proche de l'atelier. Il portait son Rolleiflex. À la fin du repas, il l'avait posé sur la table et il m'avait déclaré que c'était fini, il ne voulait plus s'en servir. Il m'en faisait cadeau. Je lui avais dit que c'était vraiment dommage.

« Il faut savoir s'arrêter à temps. »

Il avait bu plus que d'habitude. Pendant le repas, il avait vidé une bouteille de whisky mais cela se voyait à peine : juste un peu de brume dans le regard et une manière plus lente de parler.

« Si je continue, vous aurez du travail en plus pour votre catalogue. Et vous ne croyez pas que ça suffit comme ça ? »

Je l'avais raccompagné jusqu'à un hôtel du boulevard Raspail où il avait pris une chambre. Il ne voulait pas rentrer à l'atelier. D'après lui, cette « petite » était capable de l'attendre à la porte. Et, vraiment, elle perdait son temps avec « un type de son genre… ».

Elle était assise, là, devant moi, sur le canapé. Déjà sept heures du soir et le jour baissait.

– Vous croyez qu'il viendra aujourd'hui ? m'a-t-elle demandé.

J'étais sûr que non. Il irait dîner seul dans le quartier, puis il regagnerait sa chambre d'hôtel boulevard Raspail. À moins qu'il ne me téléphone d'un instant à l'autre pour me donner rendez-vous au restaurant. Et si je lui avouais que cette Nicole était là, quelle serait sa réaction ? Il penserait aussitôt qu'elle avait pris l'écouteur. Alors il ferait semblant de téléphoner de Bruxelles ou de Genève et il accepterait même de lui parler. Il lui dirait que son séjour là-bas risquait de se prolonger.

Mais le téléphone n'a pas sonné. Nous étions assis l'un en face de l'autre dans le silence.

– Je peux encore l'attendre ?

– Tant que vous voudrez…

La pièce était envahie de pénombre et je me suis levé pour allumer l'électricité. Quand elle m'a vu appuyer sur le commutateur, elle m'a dit :

– Non… N'allumez pas…

Je suis venu me rasseoir sur le canapé. J'ai eu la sensation qu'elle avait oublié ma présence. Puis elle a levé la tête vers moi :

– Je vis avec quelqu'un qui est très jaloux et qui risque de venir sonner s'il voit de la lumière…

Je restais muet. Je n'osais pas lui proposer d'ouvrir la porte et d'expliquer à ce visiteur éventuel qu'il n'y avait personne dans l'atelier.

Comme si elle avait deviné ma pensée, elle m'a dit :

– Il est capable de vous bousculer et d'entrer pour vérifier si je ne suis pas là… Et même de vous casser la figure…

– C'est votre mari ?

– Oui.

Elle m'a raconté qu'un soir Jansen l'avait invitée à dîner dans un restaurant du quartier. Son mari les avait surpris, par hasard. Il avait marché droit vers leur table et l'avait giflée, elle, du revers de la main. Deux gifles qui l'avaient fait saigner à la commissure des lèvres. Puis il s'était esquivé avant que Jansen ait pu intervenir. Il les avait attendus sur le trottoir. Il marchait loin derrière eux et les suivait le long de cette rue bordée d'arbres et de murs interminables qui coupe le cimetière Montparnasse. Elle était entrée dans l'atelier avec Jansen et son mari était resté planté pendant près d'une heure devant la porte.

Elle pensait que depuis cette mésaventure Jansen éprouvait une réticence à la revoir. Lui si calme, si désinvolte, je mesurais quel avait pu être son malaise, ce soir-là.

Elle m'a expliqué que son mari était plus âgé qu'elle de dix ans. Il était mime et il passait dans ce qu'on appelait alors les cabarets « rive gauche ». Je l'ai vu par la suite, deux ou trois fois, rôdant l'après-midi rue Froidevaux pour surprendre Nicole à la sortie de l'atelier. Il me dévisageait avec insolence. Un brun assez grand, à l'allure romantique. Un jour, je m'étais avancé vers lui : « Vous cherchez quelqu'un ? – Je cherche Nicole. »

Une voix théâtrale, légèrement nasillarde. Dans son allure et son regard, il jouait de sa vague ressemblance avec l'acteur Gérard Philipe. Il était habillé d'une sorte de redingote noire et portait une très longue écharpe dénouée. Je lui avais dit : « Quelle Nicole ? Il y a tellement de Nicole… »

Il m'avait jeté un regard méprisant puis il avait fait demi-tour en direction de la place Denfert-Rochereau, d'une démarche affectée, comme s'il sortait de scène, son écharpe flottant au vent.

Elle a consulté sa montre-bracelet dans la pénombre.

– Ça va… Vous pouvez allumer… Nous ne risquons plus rien… Il doit commencer son numéro à l'École buissonnière…

– L'École buissonnière ?

– C'est un cabaret. Il en fait deux ou trois chaque nuit.

De son nom de scène, il s'appelait le Mime Gil et il exécutait un numéro sur des poèmes de Jules Laforgue et de Tristan Corbière en fond sonore. Il lui avait fait enregistrer les poèmes, de sorte que c'était sa voix à elle qu'on entendait chaque soir tandis qu'il évoluait dans une lumière de clair de lune.

Elle me disait que son mari était très brutal. Il voulait la convaincre qu'une femme se devait « corps et âme » à un « artiste », quand elle partageait sa vie. Il lui faisait des scènes de jalousie pour les motifs les plus futiles, et cette jalousie était devenue encore plus maladive depuis qu'elle connaissait Jansen.

Vers dix heures, il quitterait l'École buissonnière pour le cabaret de la Vieille Grille, rue du Puits-de-l'Ermite, une valise à la main. Elle contenait son unique accessoire : le magnétophone sur les bandes duquel étaient enregistrés les poèmes.

Et Jansen, où était-il, à mon avis ? Je lui ai répondu que vraiment je n'en savais rien. Un instant, pour me rendre intéressant, j'ai voulu lui indiquer l'hôtel du boulevard Raspail mais je me suis tu. Elle m'a proposé de l'accompagner jusqu'à son domicile. Il valait mieux qu'elle soit rentrée avant l'arrivée de son mari. Elle m'a de nouveau parlé de lui. Bien sûr, elle n'éprouvait plus aucune estime à son égard, elle jugeait même ridicules sa jalousie et ses prétentions d'« artiste », mais je sentais bien qu'elle en avait peur. Il rentrait toujours à onze heures et demie pour vérifier si elle était bien là. Ensuite, il repartait vers le dernier cabaret où il faisait son numéro, un établissement du quartier de la Contrescarpe. Là-bas il restait jusqu'à deux heures du matin, et il obligeait Nicole à l'accompagner.

Nous suivions l'avenue Denfert-Rochereau sous les arbres et elle me posait des questions au sujet de Jansen. Et moi, je lui répondais de manière évasive : oui, il voyageait à cause de son travail et il ne me donnait jamais de ses nouvelles. Puis il arrivait à l'improviste et disparaissait le jour même. Un véritable courant d'air. Elle s'est arrêtée et elle a levé son visage vers moi :

– Écoutez… Un jour, s'il arrive dans l'atelier, vous ne pourriez pas me téléphoner en cachette ? Je viendrais tout de suite… Je suis sûre qu'il m'ouvrira la porte.

Elle sortait de la poche de son imperméable un bout de papier et me demandait si j'avais un stylo. Elle écrivait son numéro de téléphone :

– Appelez-moi à n'importe quelle heure du jour et de la nuit pour me prévenir.

– Et votre mari ?

– Oh… mon mari…

Elle a haussé les épaules. Apparemment, ce n'était pas un obstacle qui lui semblait insurmontable.

Elle cherchait à retarder ce qu'elle appelait « la rentrée en prison » et nous avons fait un détour à travers des rues qui évoquent pour moi aujourd'hui une studieuse province : Ulm, Rataud, Claude-Bernard, Pierre-et-Marie-Curie… Nous avons traversé la place du Panthéon, lugubre sous la lune, et je n'aurais jamais osé la franchir seul. Avec le recul des années, il me semble que le quartier était désert comme après un couvre-feu. D'ailleurs, cette soirée d'il y a presque trente ans revient souvent dans mes rêves. Je suis assis sur le canapé à côté d'elle, si distante que j'ai l'impression d'être en compagnie d'une statue. À force d'attendre, elle s'est sans doute pétrifiée. Une lumière estivale de fin de jour baigne l'atelier. Les photos de Robert Capa et de Colette Laurent ont été enlevées du mur. Plus personne n'habite ici. Jansen est parti au Mexique. Et nous, nous continuons à attendre pour rien.

*

Au bas de la montagne Sainte-Geneviève, nous nous sommes engagés dans une impasse : la rue d'Écosse. Il s'était mis à pleuvoir. Elle s'est arrêtée devant le dernier immeuble. La porte cochère était grande ouverte. Elle a posé un doigt sur ses lèvres et m'a entraîné dans le couloir de l'entrée. Elle n'a pas allumé la minuterie.

Il y avait un rai de lumière au bas de la première porte à gauche qui donnait sur le couloir.

– Il est déjà là, m'a-t-elle chuchoté à l'oreille. Je vais me faire tabasser.

Ce mot m'a surpris dans sa bouche. La pluie tombait de plus en plus fort.

– Je ne peux même pas vous prêter un parapluie…

Je gardais les yeux fixés sur le rai de lumière. J'avais peur de le voir sortir.

– Vous devriez rester dans le couloir en attendant la fin de l'averse… Après tout, mon mari ne vous connaît pas…

Elle me pressait la main.

– Si jamais Francis revient, vous me prévenez tout de suite… C'est promis ?

Elle a allumé la minuterie et elle a enfoncé la clé dans la serrure. Elle m'a lancé un dernier regard. Elle est entrée et je l'ai entendue dire d'une voix mal assurée :

– Bonjour, Gil.

L'autre restait silencieux. La porte s'est refermée. Avant que la minuterie s'éteigne, j'ai eu le temps de remarquer, au mur du couloir, leur boîte aux lettres parmi les autres. Il y était inscrit, en caractères rouges et contournés :

Nicole
et
Gil
Mime Poète

Le bruit d'un meuble qui tombait. Quelqu'un est venu se cogner contre la porte. La voix de Nicole :

– Laisse-moi…

On aurait dit qu'elle se débattait. L'autre demeurait toujours silencieux. Elle poussait un cri étouffé comme s'il l'étranglait. Je me suis demandé si je ne devais pas intervenir mais je restais immobile dans l'obscurité, sous le porche. La pluie avait déjà formé une flaque devant moi, au milieu du trottoir.

Elle a crié : « Laisse-moi », plus fort que la première fois. Je m'apprêtais à frapper contre la porte mais le rai de lumière s'est éteint. Au bout d'un instant, le crissement d'un sommier. Puis des soupirs et la voix rauque de Nicole qui disait encore :

– Laisse-moi.

Il continuait de pleuvoir pendant qu'elle poussait des plaintes saccadées et que j'entendais le crissement du sommier. Plus tard, la pluie n'était plus qu'une sorte de crachin.

J'allais franchir la porte cochère quand la minuterie s'est allumée derrière moi. Ils étaient tous les deux dans le couloir et il tenait à la main sa valise. Son bras gauche entourait l'épaule de Nicole. Ils sont passés, et elle a fait semblant de ne pas me connaître. Mais au bout de la rue elle s'est retournée et m'a adressé un léger signe de la main.

Un après-midi ensoleillé de mai, Jansen m'avait surpris dans mon travail. Je lui avais parlé de Nicole, et il m'écoutait d'un air distrait.

– Cette petite est très gentille, m'avait-il dit. Mais j'ai l'âge d'être son père…

Il ne comprenait pas bien en quoi consistait l'activité de son mari et, au souvenir de cette soirée où il l'avait vu gifler Nicole dans le restaurant, il s'étonnait encore qu'un mime soit aussi agressif. Lui, il imaginait les mimes avec des gestes très lents et très doux.

Nous étions sortis tous les deux et nous avions à peine fait quelques pas quand j'ai reconnu la silhouette en faction au coin de la rue bordée de hauts murs qui traverse le cimetière : le Mime Gil. Il portait une veste et un pantalon noirs, avec une chemise blanche échancrée dont le col large cachait les revers de sa veste.

– Tiens… Voilà une vieille connaissance, m'a dit Jansen.

Il attendait que nous passions devant lui, les bras croisés. Nous avancions sur l'autre trottoir en faisant semblant de l'ignorer. Il a traversé la rue et il s'est planté au milieu du trottoir où nous marchions, les jambes légèrement écartées. Il croisait les bras de nouveau.

– Vous croyez qu'il va falloir se battre ? m'a demandé Jansen.

Nous arrivions à sa hauteur et il nous barrait le passage en sautillant de gauche à droite, comme un boxeur prêt à frapper. Je l'ai bousculé. Sa main gauche s'est abattue sur ma joue d'un geste mécanique.

– Venez, m'a dit Jansen.

Et il m'entraînait par le bras. L'autre s'est tourné vers Jansen :

– Vous, le photographe, vous ne perdez rien pour attendre.

Sa voix avait le timbre métallique et la diction trop appuyée de certains sociétaires de la Comédie-Française. Nicole m'avait expliqué qu'il était aussi comédien et qu'il avait enregistré lui-même sur la bande sonore de son spectacle le dernier texte : un long passage d'*Ubu roi* d'Alfred Jarry. Il y tenait beaucoup – paraît-il. C'était le morceau de bravoure et le bouquet final de son numéro.

Nous avons continué de marcher vers la place Denfert-Rochereau. Je me suis retourné. De loin, sous le soleil, on ne distinguait que son costume noir et ses cheveux bruns. Était-ce le voisinage du cimetière ? Il y avait quelque chose de funèbre dans cette silhouette.

– Il nous suit ? m'a demandé Jansen.

– Oui.

Alors il m'a expliqué que vingt ans auparavant, le jour où il avait été victime d'une rafle à la sortie de la station George-V, il était assis dans la voiture du métro en face d'un homme brun en complet sombre. Il l'avait d'abord pris pour un simple voyageur mais, quelques minutes plus tard, l'homme se trouvait dans l'équipe de policiers qui les avait emmenés au Dépôt, lui et une dizaine d'autres personnes. Il avait vaguement senti que l'homme le suivait dans le couloir du métro. Le Mime Gil, avec son costume noir, lui rappelait ce policier.

Il nous suivait toujours, les mains dans les poches. Je l'entendais siffler un air qui me faisait peur du temps de mon enfance : *Il était un petit navire*.

Nous nous sommes assis à la terrasse du café où j'avais rencontré Jansen pour la première fois. L'autre s'est arrêté sur le trottoir à notre hauteur et il a croisé les bras. Jansen me l'a désigné du doigt.

– Il est aussi collant que le policier d'il y a vingt ans, a-t-il dit. D'ailleurs, c'est peut-être le même.

Le soleil m'éblouissait. Dans la lumière crue et scintillante, une tache noire flottait devant nous. Elle se rapprochait. Maintenant, le Mime Gil se découpait à contre-jour. Allait-il nous faire l'une de ses pantomimes en ombres chinoises sur un poème de Tristan Corbière ?

Il était là, debout, devant notre table. Il a haussé les épaules et d'une démarche hautaine il s'est éloigné en direction de la gare de Denfert-Rochereau.

– Il est temps que je quitte Paris, a dit Jansen, car tout cela devient fatigant et ridicule.

À mesure que je me rappelle tous ces détails, je prends le point de vue de Jansen. Les quelques semaines où je l'ai fréquenté, il considérait les êtres et les choses de très loin et il ne restait plus pour lui que de vagues points de repère et de vagues silhouettes. Et, par un phénomène de réciprocité, ces êtres et ces choses, à son contact, perdaient leur consistance. Est-il possible que le Mime Gil et sa femme vivent encore aujourd'hui quelque part ? J'ai beau essayer de m'en persuader et d'imaginer la situation suivante, je n'y crois pas vraiment : après trente ans, je les rencontre dans Paris, nous avons vieilli tous les trois, nous nous asseyons à une terrasse de café et nous évoquons paisiblement le souvenir de Jansen et du printemps de 1964. Tout ce qui me paraissait énigmatique deviendrait clair et même banal.

Ainsi, la soirée où Jansen avait réuni quelques amis dans l'atelier, juste avant son départ pour le Mexique – ce « pot d'adieu », comme il disait en riant…

Au souvenir de cette soirée, j'éprouve le besoin

de retenir des silhouettes qui m'échappent et de les fixer comme sur une photographie. Mais, après un si grand nombre d'années, les contours s'estompent, un doute de plus en plus insidieux corrode les visages. Trente ans suffisent pour que disparaissent les preuves et les témoins. Et puis, j'avais senti sur le moment que le contact s'était relâché entre Jansen et ses amis. Il ne les reverrait plus jamais et ne paraissait pas en être du tout affecté. Eux, ils étaient sans doute surpris que Jansen les ait invités alors qu'il ne leur avait pas donné signe de vie depuis longtemps. La conversation s'amorçait pour retomber aussitôt. Et Jansen semblait si absent, lui qui aurait dû être le lien entre tous ces gens… On aurait cru qu'ils se trouvaient par hasard dans une salle d'attente. Leur petit nombre accentuait encore le malaise : ils étaient quatre, assis à une distance très grande les uns des autres. Jansen avait dressé un buffet qui contribuait au caractère insolite de cette soirée. Par moments, l'un d'eux se levait, marchait vers le buffet pour se servir un verre de whisky ou un biscuit salé, et le silence des autres enveloppait cette démarche d'une solennité inhabituelle.

Avaient été conviés au « pot d'adieu » les Meyendorff, un couple d'une cinquantaine d'années que Jansen connaissait de longue date puisque j'avais répertorié une photo où ils figuraient dans un jardin avec Colette Laurent. L'homme était brun, mince, le visage fin, et il portait des lunettes teintées. Il s'exprimait d'une voix très douce et m'avait témoigné de la gentillesse, au point de me demander ce que je comptais faire dans la vie. Il avait été médecin mais je crois qu'il n'exerçait plus. Sa femme, une brune de petite taille, les cheveux ramenés en chignon et de hautes pommettes, avait l'allure sévère d'une ancienne maîtresse de ballet et un léger accent américain. Les deux autres convives étaient Jacques Besse et Eugène Deckers, auxquels j'avais répondu à plusieurs reprises au téléphone, en l'absence de Jansen.

Jacques Besse avait été un musicien talentueux dans sa jeunesse. Eugène Deckers consacrait ses loisirs à la peinture et avait aménagé un immense grenier dans l'île Saint-Louis[1]. D'origine belge, il jouait pour gagner sa vie les seconds rôles dans des films anglais de série B, car il était bilingue. Mais, tout cela, je l'ignorais sur le moment. Ce soir-là, je me contentais de les observer sans me poser beaucoup de questions. J'avais l'âge où l'on se trouve souvent entraîné dans de curieuses compagnies, et celle-là, après tout, n'était pas plus étrange que d'autres.

Vers la fin de la soirée, l'atmosphère s'est détendue. Il faisait encore jour et Eugène Deckers, qui essayait de mettre un peu d'animation, a proposé que nous prenions un verre dehors, sur le banc, devant l'atelier. Nous sommes tous sortis, en laissant la porte de l'atelier entrouverte. Aucune voiture ne passait plus rue Froidevaux. On entendait

1. J'ai appris par la suite que Jacques Besse avait composé la partition des *Mouches* de Jean-Paul Sartre et la musique du film *Dédé d'Anvers*. Les dernières adresses que j'ai pu retrouver de lui sont : 15, rue Hégésippe-Moreau, Paris (XVIIIe), et Château de la Chesnaie, Chailles (Loir-et-Cher), tél. : 27.

Eugène Deckers a fait plusieurs expositions. Il est mort à Paris en 1977. Son adresse était : 25, quai d'Anjou, Paris.

les feuillages frissonner sous la brise de printemps et la rumeur lointaine de la circulation vers Denfert-Rochereau.

Deckers apportait un plateau chargé d'apéritifs. Jansen, derrière lui, traînait l'un des fauteuils de l'atelier qu'il disposait au milieu du trottoir. Il le désignait à Mme de Meyendorff pour qu'elle y prenne place. C'était brusquement le Jansen d'autrefois, celui des soirées en compagnie de Robert Capa. Deckers jouait au maître d'hôtel, son plateau à la main. Lui aussi, avec ses cheveux bruns bouclés et sa tête de corsaire, on l'imaginait bien participant à ces soirées agitées que m'avait racontées Jansen et au cours desquelles Capa l'entraînait dans sa Ford verte. Le malaise du début de la soirée se dissipait. Le docteur de Meyendorff était sur le banc aux côtés de Jacques Besse et lui parlait de sa voix douce. Debout sur le trottoir, et tenant leur verre, comme pour un cocktail, Mme de Meyendorff, Jansen et Deckers poursuivaient une conversation. Mme de Meyendorff a fini par s'asseoir, là, en plein air, sur le fauteuil. Jansen s'est retourné vers Jacques Besse :

– Tu nous chantes *Cambriole* ?

Ce morceau, composé à vingt-deux ans, avait jadis attiré l'attention sur Jacques Besse. Il avait même fait figure de chef de file d'une nouvelle génération de musiciens.

– Non. Je n'ai pas envie…

Il a eu un sourire triste. Il ne composait plus depuis longtemps.

Leurs voix se mêlaient maintenant dans le silence de la rue : celle, très douce et très lente, du docteur de Meyendorff, la voix grave de sa femme, celle, ponctuée de grands éclats de rire, de Deckers. Seul, Jacques Besse, son sourire aux lèvres, restait silencieux sur le banc à écouter Meyendorff. Je me tenais un peu à l'écart et je regardais vers l'entrée de la rue qui coupe le cimetière : peut-être le Mime Gil allait-il faire son apparition et se tenir à distance, les bras croisés, croyant que Nicole viendrait nous rejoindre. Mais non.

À un moment, Jansen s'est approché et m'a dit :

– Alors ? Content ? Il fait beau ce soir… La vie commence pour vous…

Et c'était vrai : il y avait encore toutes ces longues années devant moi.

Jansen m'avait parlé à plusieurs reprises des Meyendorff. Il les avait beaucoup fréquentés après les disparitions de Robert Capa et de Colette Laurent. Mme de Meyendorff était une adepte des sciences occultes et du spiritisme. Le docteur de Meyendorff – j'ai retrouvé la carte de visite qu'il m'avait donnée à l'occasion de ce « pot d'adieu » : *Docteur Henri de Meyendorff, 12 rue Ribéra, Paris XVIe, Auteuil 28-15, et Le Moulin, à Fossombrone (Seine-et-Marne)* – occupait ses loisirs à l'étude de la Grèce ancienne et avait écrit un petit ouvrage consacré au mythe d'Orphée[1].

Jansen avait assisté pendant quelques mois aux séances de spiritisme qu'organisait Mme de Meyendorff. Il s'agissait de faire parler les morts. J'éprouve une méfiance instinctive et beaucoup de scepticisme vis-à-vis de ce genre de manifestations. Mais je comprends que Jansen, dans une période de grand désarroi, ait eu recours à cela. On voudrait faire par-

1. *Orphée et l'Orphéisme*, par H. de Meyendorff, Paris, Éditions du Sablier, 1949.

ler les morts, on voudrait surtout qu'ils reviennent pour de vrai et non pas simplement dans nos rêves où ils sont à côté de nous, mais si lointains et si absents…

D'après ce qu'il m'avait confié, il avait connu les Meyendorff bien avant l'époque où ils figuraient sur la photo, dans le jardin, avec Colette Laurent. Il les avait rencontrés à dix-neuf ans. Puis la guerre avait été déclarée. Comme Mme de Meyendorff était de nationalité américaine, elle et son mari étaient partis pour les États-Unis, laissant à Jansen les clés de leur appartement de Paris et de leur maison de campagne, où il avait habité pendant les deux premières années de l'Occupation.

J'ai souvent pensé que les Meyendorff auraient été les personnes susceptibles de me donner le plus de renseignements sur Jansen. Quand il a quitté Paris, j'avais achevé mon travail : tous les matériaux que j'avais réunis sur lui étaient contenus dans le cahier rouge Clairefontaine, le répertoire alphabétique et l'album *Neige et Soleil* qu'il avait eu la gentillesse de m'offrir. Oui, si j'avais voulu écrire un livre sur Jansen, il aurait été nécessaire que je rencontre les Meyendorff et que je prenne note de leur témoignage.

Il y a une quinzaine d'années, je feuilletais le cahier rouge et, découvrant entre les pages la carte de visite du docteur de Meyendorff, je composai son numéro de téléphone, mais celui-ci n'était « plus attribué ». Le docteur n'était pas mentionné dans l'annuaire de cette année-là. Pour en avoir le cœur net, j'allai au 12 rue Ribéra et la concierge me dit qu'elle ne connaissait personne de ce nom-là dans l'immeuble.

Ce samedi de juin si proche des grandes vacances, il faisait très beau et il était environ deux heures de l'après-midi. J'étais seul à Paris et j'avais la perspective d'une longue journée sans objet. Je décidai de me rendre à l'adresse de Seine-et-Marne indiquée sur la carte du docteur. Bien sûr, j'aurais pu savoir par les renseignements si un Meyendorff habitait encore à Fossombrone et, dans ce cas, lui téléphoner, mais je préférais vérifier moi-même, sur place.

J'ai pris le métro jusqu'à la gare de Lyon, puis au guichet des lignes de banlieue un billet pour Fossombrone. Il fallait changer à Melun. Le compartiment où je montai était vide et moi presque joyeux d'avoir trouvé un but à ma journée.

C'est en attendant sur le quai de la gare de Melun la micheline pour Fossombrone que mon humeur a changé. Le soleil du début de l'après-midi, les rares voyageurs et cette visite à des gens que je n'avais vus qu'une seule fois, quinze ans auparavant, et qui avaient sans doute disparu ou m'avaient oublié me causèrent brusquement un sentiment d'irréalité.

Nous étions deux dans la micheline : une femme d'une soixantaine d'années, qui portait un sac à provisions, s'était assise en face de moi.

– Mon Dieu… Quelle chaleur…

J'étais rassuré d'entendre sa voix mais surpris qu'elle soit si claire et qu'elle ait un léger écho. Le cuir de la banquette était brûlant. Il n'y avait pas un seul coin d'ombre.

– Nous arrivons bientôt à Fossombrone ? lui ai-je demandé.

– C'est le troisième arrêt.

Elle fouilla dans son sac à provisions et trouva enfin ce qu'elle cherchait : un portefeuille noir. Elle se taisait.

J'aurais voulu rompre le silence.

Elle est descendue au deuxième arrêt. La micheline a repris sa marche et j'ai été saisi de panique. J'étais seul, désormais. Je craignais que la micheline ne m'entraîne dans un voyage interminable en augmentant au fur et à mesure sa vitesse. Mais elle a ralenti et s'est arrêtée devant une petite gare au mur beige de laquelle j'ai lu FOSSOMBRONE en caractères grenat. À l'intérieur de la gare, à côté des guichets, un kiosque à journaux. J'ai acheté un quotidien dont j'ai vérifié la date et lu les gros titres.

J'ai demandé à l'homme du kiosque s'il connaissait une maison nommée Le Moulin. Il m'a expliqué que je devais suivre la rue principale du village et marcher encore tout droit jusqu'à la lisière de la forêt.

Les volets des maisons de la grande rue étaient clos, à cause du soleil. Il n'y avait personne et j'aurais pu m'inquiéter d'être seul au milieu de ce village inconnu. La grande rue se transformait maintenant en une très large allée bordée de platanes dont les feuillages laissaient à peine filtrer les rayons du soleil. Le silence, l'immobilité des feuillages, les taches de soleil sur lesquelles je marchais me donnaient de nouveau l'impression de rêver. J'ai consulté encore une fois la date et les gros titres du journal que je tenais à la main, pour me rattacher au monde extérieur.

Du côté gauche, juste à la lisière de la forêt, un mur d'enceinte et un portail de bois vert sur lequel était écrit à la peinture blanche : LE MOULIN. Je m'écartai du mur d'enceinte assez bas et me plaçai de l'autre côté de l'allée, de manière à voir la maison. Elle paraissait constituée de plusieurs corps de ferme reliés entre eux mais sans plus rien de campagnard : la véranda, les grandes fenêtres et le lierre de sa façade offraient l'aspect d'un bungalow. Le parc à l'abandon était redevenu une clairière.

Le mur d'enceinte faisait un angle droit et se prolongeait encore une centaine de mètres le long d'un chemin qui bordait la forêt et donnait accès à plusieurs autres propriétés. Celle voisine du Moulin était une villa blanche en forme de blockhaus avec des baies vitrées. Elle était séparée du chemin par une barrière blanche et des massifs de troènes. Une femme qui portait un chapeau de paille tondait la pelouse et j'étais soulagé qu'un bourdonnement de moteur rompe le silence.

J'ai attendu qu'elle se rapproche de la grille d'entrée. Quand elle m'a vu, elle a arrêté le moteur de la tondeuse. Elle a ôté son chapeau de paille. Une blonde. Elle est venue ouvrir la grille.

– Le docteur de Meyendorff habite-t-il toujours le Moulin ?

J'avais eu du mal à prononcer les syllabes de cette phrase. Elles résonnaient d'une drôle de façon. La blonde me regardait d'un air surpris. Ma voix, mon embarras, la sonorité de « Meyendorff » avaient quelque chose d'incongru et de solennel.

– Le Moulin n'est plus habité depuis longtemps, m'a-t-elle dit. En tout cas pas depuis que je suis dans cette maison.

– On ne peut pas le visiter ?

– Il faudrait demander au gardien. Il vient ici trois fois par semaine. Il habite Chailly-en-Bière.

– Et vous ne savez pas où sont les propriétaires ?

– Je crois qu'ils vivent en Amérique.

Alors, il y avait de fortes chances pour que ce fussent encore les Meyendorff.

– La maison vous intéresse ? Je suis sûre qu'elle est à vendre.

Elle m'avait fait entrer dans son jardin et refermait la grille.

– J'écris un livre sur quelqu'un qui a habité ici et je voulais simplement reconnaître les lieux.

De nouveau, j'ai eu l'impression que j'employais un ton trop solennel.

Elle me guidait jusqu'au fond du jardin. Un grillage marquait la limite avec le parc à l'abandon du Moulin. Il y avait un grand trou dans le grillage et elle me le désignait :

– C'est facile de passer de l'autre côté…

Je croyais rêver. Elle avait une voix si douce, des yeux si clairs, elle se montrait si prévenante… Elle s'était rapprochée de moi et je me suis demandé brusquement si j'avais raison de rôder autour d'une maison abandonnée, « de l'autre côté », comme elle disait, au lieu de rester avec elle et de faire plus ample connaissance.

– Pendant que vous allez visiter, vous ne pouvez pas me prêter votre journal ?

– Avec plaisir.

– C'est pour voir les programmes de télévision.

– Je lui ai tendu le journal. Elle m'a dit :

– Prenez tout votre temps. Et ne vous inquiétez pas. Je fais le guet.

Je passai à travers le trou du grillage et je débouchai dans une clairière. Je marchai vers la maison. À mesure que j'avançais, la clairière laissait place à une pelouse en friche que traversait une allée de gravier. Le Moulin offrait le même aspect de bungalow que du côté du portail. À gauche, le bâtiment se prolongeait par une chapelle dont on avait ôté la porte et qui n'était plus qu'une remise.

Au rez-de-chaussée, les volets étaient fermés,

ainsi que les deux panneaux verts d'une porte-fenêtre. Deux grands platanes se dressaient à une dizaine de mètres l'un de l'autre et leurs feuillages confondus formaient un toit de verdure qui m'évoquait le mail d'une ville du Midi. Le soleil tapait fort et leur ombre m'avait donné une sensation soudaine de fraîcheur.

C'était bien là que la photo de Colette Laurent et des Meyendorff avait été prise par Jansen. J'avais reconnu les platanes et vers la droite le puits à la margelle recouverte de lierre. Sur le cahier rouge, j'avais noté : « Photo les Meyendorff-Colette Laurent à Fossombrone. Ombrages. Printemps ou été. Puits. Date indéterminée. » J'avais questionné Jansen pour savoir à quelle année remontait cette photo mais il avait haussé les épaules.

Le bâtiment formait saillie vers la droite et les volets de l'une des fenêtres du rez-de-chaussée étaient ouverts. J'ai collé mon front à la vitre. Les rayons du soleil projetaient des taches de lumière sur le mur du fond. Un tableau y était accroché : le portrait de Mme de Meyendorff. Dans le coin de la pièce, un bureau d'acajou derrière lequel je distinguais un fauteuil de cuir. Deux autres fauteuils semblables, près de la fenêtre. Des rayonnages de livres, sur le mur de droite, au-dessus d'un divan de velours vert.

J'aurais voulu entrer par effraction dans cette pièce où s'était peu à peu déposée la poussière du temps. Jansen avait dû s'asseoir souvent sur les fauteuils et je l'imaginais, vers la fin d'un après-midi, lisant l'un des volumes de la bibliothèque. Il était venu ici avec Colette Laurent. Et, plus tard, c'était sans doute dans ce bureau que Mme de Meyendorff faisait parler les morts.

Là-bas, sur la pelouse, la blonde avait repris son travail et j'entendais un bourdonnement de moteur paisible et rassurant.

Je ne suis plus jamais revenu à Fossombrone. Et aujourd'hui, après quinze ans, je suppose que le Moulin a été vendu et que les Meyendorff finissent leur vie quelque part en Amérique. Je n'ai pas eu de nouvelles récentes des autres personnes que Jansen avait conviées à son « pot d'adieu ». Au mois de mai 1974, un après-midi, j'avais croisé Jacques Besse boulevard Bonne-Nouvelle, à la hauteur du théâtre du Gymnase. Je lui avais tendu la main mais il n'y avait pas prêté attention et il s'était éloigné, raide, sans me reconnaître, le regard vide, avec un col roulé gris foncé et une barbe de plusieurs jours.

Une nuit d'il y a quelques mois, très tard, j'avais allumé la télévision qui diffusait une série policière anglaise, adaptée du *Saint* de Leslie Charteris, et j'ai eu la surprise de voir apparaître Eugène Deckers. La scène avait été tournée dans le Londres des années soixante, peut-être la même année et la même semaine que celles où Deckers était venu au « pot d'adieu ». Là, sur l'écran, il traversait un hall d'hôtel, et je me disais qu'il était vraiment étrange que l'on puisse passer d'un monde où tout s'abolissait à un autre, délivré des lois de la pesanteur et où vous étiez en suspension pour l'éternité : de cette soirée rue Froidevaux, dont il ne restait rien, sauf de faibles échos dans ma mémoire, à ces quelques instants impressionnés sur la pellicule, où Deckers traverserait un hall d'hôtel jusqu'à la fin des temps.

Cette nuit-là, j'avais rêvé que j'étais dans l'atelier de Jansen, assis sur le canapé, comme autrefois. Je regardais les photos du mur et brusquement j'étais frappé par la ressemblance de Colette Laurent et de mon amie de cette époque, avec qui j'avais rencontré Jansen et dont j'ignorais ce qu'elle était devenue, elle aussi. Je me persuadais que c'était la même personne que Colette Laurent. La distance des années avait brouillé les perspectives. Elles avaient l'une et l'autre des cheveux châtains et des yeux gris. Et le même prénom.

Je suis sorti de l'atelier. Il faisait déjà nuit et cela m'avait surpris. Je m'étais rappelé que nous étions en octobre ou en novembre. Je marchais vers Denfert-Rochereau. Je devais rejoindre Colette et quelques autres personnes dans une maison proche du parc Montsouris. Nous nous réunissions là-bas chaque dimanche soir. Et, dans mon rêve, j'étais certain de retrouver ce soir-là parmi les convives Jacques Besse, Eugène Deckers, le docteur de Meyendorff et sa femme.

La rue Froidevaux me semblait interminable, comme si les distances s'étiraient à l'infini. Je craignais d'arriver en retard. Est-ce qu'ils m'attendraient ? Le trottoir était tapissé de feuilles mortes et je longeais le mur et le talus de gazon du réservoir de Montsouris derrière lesquels j'imaginais l'eau dormante. Une pensée m'accompagnait, d'abord vague et de plus en plus précise : je m'appelais Francis Jansen.

La veille du jour où Jansen a quitté Paris, j'étais venu à midi à l'atelier pour ranger les photos dans les valises. Rien ne me laissait prévoir son brusque départ. Il m'avait dit qu'il ne bougerait pas jusqu'à la fin du mois de juillet. Quelques jours auparavant, je lui avais remis les doubles du cahier et du répertoire. Il avait d'abord hésité à les prendre :

– Vous croyez que c'est bien nécessaire pour moi en ce moment ?

Puis il avait feuilleté le répertoire. Il s'attardait sur une page et prononçait quelquefois un nom à voix haute comme s'il cherchait à se rappeler le visage de celui qui le portait.

– Ça suffit pour aujourd'hui…

Il avait fermé le répertoire d'un geste sec.

– Vous avez fait un beau travail de scribe… Je vous félicite…

Ce dernier jour, quand il est entré dans l'atelier et m'a surpris à ranger les photos, il m'a encore félicité :

– Un véritable archiviste… On devrait vous engager dans les musées…

Nous sommes allés déjeuner dans un restaurant du quartier. Il portait sur lui son Rolleiflex. Après le déjeuner, nous avons suivi le boulevard Raspail et il s'est arrêté devant l'hôtel qui fait le coin de la rue Boissonade et se dresse solitaire à côté du mur et des arbres du Centre américain.

Il a reculé jusqu'au bord du trottoir et il a pris plusieurs photos de la façade de cet hôtel.

– C'est là où j'ai vécu à mon arrivée à Paris…

Il m'a expliqué qu'il était tombé malade le soir de son arrivée et qu'il avait gardé la chambre une dizaine de jours. Il avait été soigné par un réfugié autrichien qui habitait l'hôtel avec sa femme, un certain docteur Tennent.

– J'ai fait une photo de lui à l'époque…

J'ai vérifié le soir même. Comme j'avais répertorié les photos par ordre chronologique sur le cahier rouge Clairefontaine, celle-ci était mentionnée au début de la liste :

1. *Docteur Tennent et sa femme. Jardin du Luxembourg. Avril 1938.*

– Mais je n'avais pas encore de photo de cet hôtel… Vous pourrez la rajouter à votre inventaire…

Il m'a proposé de l'accompagner sur la rive droite où il devait chercher « quelque chose ». Il a d'abord voulu prendre le métro à la station Raspail, mais, après avoir constaté sur le plan qu'il y avait trop de changements jusqu'à Opéra, il a décidé que nous irions là-bas en taxi.

*

Jansen a demandé au chauffeur de s'arrêter boulevard des Italiens, à la hauteur du café de la Paix, et il m'a désigné la terrasse de celui-ci en me disant :

– Attendez-moi là… je n'en ai pas pour longtemps…

Il s'est dirigé vers la rue Auber. J'ai fait quelques pas le long du boulevard. Je n'étais pas revenu dans ce café de la Paix depuis que mon père m'y emmenait le dimanche après-midi. Par curiosité, je suis allé vérifier si la balance automatique où nous nous pesions, ces dimanches-là, existait toujours, juste avant l'entrée du Grand Hôtel. Oui, elle était demeurée à la même place. Alors je n'ai pu m'empêcher d'y monter, de glisser une pièce de monnaie dans la fente et d'attendre que tombe le ticket rose.

J'éprouvais une drôle de sensation, assis tout seul à la terrasse du café de la Paix où les clients se pressaient autour des tables. Était-ce le soleil de juin, le vacarme de la circulation, les feuillages des arbres dont le vert formait un si frappant contraste avec le noir des façades, et ces voix étrangères que j'entendais aux tables voisines ? Il me semblait être moi aussi un touriste égaré dans une ville que je ne connaissais pas. Je regardais fixement le ticket rose comme s'il était le dernier objet susceptible de témoigner et de me rassurer sur mon identité, mais ce ticket augmentait encore mon malaise. Il évoquait une époque si lointaine de ma vie que j'avais du mal à la relier au présent. Je finissais par me demander si c'était bien moi l'enfant qui venait ici avec son père. Un engourdissement, une amnésie me gagnaient peu à peu, comme le sommeil le jour où j'avais été renversé par une camionnette et où l'on m'avait appliqué un tampon d'éther sur le visage. D'ici un moment, je ne saurais même plus qui j'étais et aucun de ces étrangers autour de moi ne pourrait me renseigner. J'essayais de lutter contre cet engourdissement, les yeux fixés sur le ticket rose où il était écrit que je pesais soixante-seize kilos.

Quelqu'un m'a tapé sur l'épaule. J'ai levé la tête mais j'avais le soleil dans les yeux.

– Vous êtes tout pâle…

Je voyais Jansen en ombres chinoises. Il s'est assis à la table, en face de moi.

– C'est à cause de la chaleur, ai-je bredouillé. Je crois que j'ai eu un malaise…

Il a commandé un verre de lait pour moi et un whisky pour lui.

– Buvez, m'a-t-il dit. Ça ira mieux après…

Je buvais lentement le lait glacé. Oui, peu à peu, le monde autour de moi reprenait ses formes et ses couleurs, comme si je réglais une paire de jumelles pour que la vision devienne de plus en plus nette. Jansen, en face, me regardait avec bienveillance.

– Ne vous inquiétez pas, mon petit… Moi aussi il m'est souvent arrivé de tomber dans des trous noirs…

*

Une brise soufflait dans les feuillages des arbres et leur ombre était fraîche tandis que nous marchions, Jansen et moi, le long des Grands Boulevards. Nous étions arrivés place de la Concorde. Nous avons pénétré dans les jardins des Champs-Élysées. Jansen prenait des photos avec son Rolleiflex mais je m'en apercevais à peine. Il jetait un œil furtif sur le cadre de l'appareil, à la hauteur de sa taille. Et pourtant je savais que chacune de ses photos était d'une précision extrême. Un jour que je m'étonnais de cette feinte désinvolture, il m'avait dit qu'il fallait « prendre les choses en douceur et en silence sinon elles se rétractent ».

Nous nous étions assis sur un banc et, tout en parlant, il se levait de temps en temps et appuyait sur le déclic au passage d'un chien, d'un enfant, à l'apparition d'un rayon de soleil. Il avait allongé et croisé les jambes et gardait la tête baissée comme s'il s'était assoupi.

Je lui ai demandé ce qu'il photographiait.

– Mes chaussures.

Par l'avenue Matignon, nous avons rejoint le faubourg Saint-Honoré. Il m'a montré l'immeuble où se trouvait l'agence Magnum et il a voulu que nous buvions un verre dans le café voisin qu'il fréquentait autrefois avec Robert Capa.

Nous étions installés à une table du fond, et de nouveau il avait commandé un verre de lait pour moi et un whisky pour lui.

– C'est dans ce café que j'ai connu Colette, m'a-t-il dit brusquement.

J'aurais voulu lui poser des questions et lui parler des quelques photos d'elle que j'avais répertoriées dans le cahier rouge :

Colette. 12, hameau du Danube.
Colette à l'ombrelle.
Colette. Plage de Pampelonne.
Colette. Escalier de la rue des Cascades.

J'ai fini par dire :

– C'est dommage que je ne vous aie pas tous connus à l'époque…

Il m'a souri.

– Mais vous étiez encore à l'âge des biberons…

Et il me désignait mon verre de lait que je tenais à la main.

– Attendez un instant… Ne bougez pas…

Il a posé le Rolleiflex sur la table et il a appuyé sur le déclic. J'ai la photo, à côté de moi, parmi toutes celles qu'il avait prises cet après-midi-là. Mon bras levé et mes doigts qui tiennent le verre se découpent à contre-jour et l'on distingue, au fond, la porte ouverte du café, le trottoir et la rue qui baignent dans une lumière d'été – la même lumière où nous marchons, ma mère et moi, dans mon souvenir, en compagnie de Colette Laurent.

*

Après le dîner, je l'ai raccompagné jusqu'à l'atelier. Nous avons fait un long détour. Il me parlait plus que d'habitude et me posait pour la première fois des questions précises concernant mon avenir. Il s'inquiétait des conditions dans lesquelles je vivrais. Il a évoqué la précarité de son existence à

Paris au même âge que moi. La rencontre de Robert Capa l'avait sauvé, sinon il n'aurait peut-être pas eu le courage d'entreprendre son métier. D'ailleurs, c'était Capa qui le lui avait appris.

Minuit était déjà passé et nous bavardions encore sur un banc de l'avenue du Maine. Un chien pointer avançait seul sur le trottoir, d'un pas rapide, et il est venu nous renifler. Il ne portait pas de collier. Il paraissait connaître Jansen. Il nous a suivis jusqu'à la rue Froidevaux, d'abord de loin, puis il s'est rapproché et il marchait à nos côtés. Nous sommes arrivés devant l'atelier et Jansen a fouillé ses poches mais n'a pas trouvé la clé. Il avait l'air brusquement harassé. Je crois qu'il avait trop bu. Je lui ai ouvert moi-même avec le double qu'il m'avait confié.

Dans l'embrasure de la porte, il m'a serré la main et il m'a dit d'un ton solennel :

– Merci pour tout.

Il me fixait d'un regard légèrement embrumé. Il a refermé la porte avant que j'aie eu le temps de lui dire que le chien était entré dans l'atelier en se glissant derrière lui.

*

Le lendemain, j'ai téléphoné vers onze heures à l'atelier mais personne ne répondait. J'avais fait le signal qui était convenu entre Jansen et moi : raccrocher au bout de trois sonneries puis composer de nouveau le numéro. J'ai décidé d'aller là-bas pour achever de ranger les photos.

Comme d'habitude, j'ai ouvert la porte avec le

double de la clé. Les trois valises avaient disparu, ainsi que la photo de Colette Laurent et celle de Jansen et de Robert Capa qui étaient accrochées au mur. Sur la table basse, un rouleau de pellicule à développer. Je l'ai apporté, cet après-midi-là, au magasin de la rue Delambre. Quand j'y suis revenu, quelques jours plus tard, j'ai découvert dans la pochette que l'on m'avait remise toutes les photos que Jansen avait faites au cours de notre promenade dans Paris.

Je savais bien que désormais ce n'était plus la peine de l'attendre.

J'ai fouillé les placards de la mezzanine mais ils ne contenaient plus rien, pas un seul vêtement, pas une seule chaussure. On avait enlevé les draps et les couvertures du lit et le matelas était nu. Pas le moindre mégot dans les cendriers. Plus de verres ni de bouteilles de whisky. Je me faisais l'effet d'un inspecteur de police qui visitait l'atelier d'un homme recherché depuis longtemps, et je me disais que c'était bien inutile puisqu'il n'y avait aucune preuve que cet homme ait habité ici, pas même une empreinte digitale.

J'ai attendu jusqu'à cinq heures, assis sur le canapé, à consulter le cahier rouge et le répertoire. Apparemment, Jansen avait emporté les doubles des cahiers. Peut-être Nicole allait-elle sonner et il faudrait que je lui dise que désormais nous risquerions d'attendre Jansen pour rien et qu'un archéologue, au cours des prochains siècles, nous retrouverait momifiés tous les deux sur le canapé. La rue Froidevaux serait l'objet d'une fouille. Au coin du cimetière Montparnasse, on découvrirait le Mime Gil, transformé en statue, et l'on entendrait battre son cœur. Et le magnétophone, derrière lui, diffuserait un poème qu'il avait enregistré de sa voix métallique :

Démons et merveilles
Vents et marées…

Une question m'a brusquement traversé l'esprit : qu'était devenu le pointer qui nous avait suivis hier soir et qui avait pénétré dans l'atelier à l'insu de Jansen ? L'avait-il emmené avec lui ? Aujourd'hui que j'y pense, je me demande si ce chien n'était pas tout simplement le sien.

*

Je suis retourné dans l'atelier, plus tard, à l'heure où le soir tombait. Une dernière tache de soleil s'attardait sur le canapé. Entre ces murs, la chaleur était étouffante. J'ai fait glisser la baie vitrée. J'entendais le bruissement des arbres et les pas de ceux qui marchaient dans la rue. Je m'étonnais que le vacarme de la circulation se fût interrompu du côté de Denfert-Rochereau, comme si la sensation d'absence et de vide que laissait Jansen se propageait en ondes concentriques et que Paris était peu à peu déserté.

Je me suis demandé pourquoi il ne m'avait pas prévenu de son départ. Mais ces quelques signes suggéraient bien une disparition imminente : la photo qu'il avait prise de l'hôtel boulevard Raspail et le détour jusqu'au faubourg Saint-Honoré pour me montrer le siège de l'ancienne agence Magnum et le café qu'il fréquentait avec Robert Capa et Colette Laurent. Oui, il avait fait, en ma compagnie, un dernier pèlerinage sur les lieux de sa jeunesse. Tout au fond de l'atelier, la porte de la chambre noire était entrouverte. L'après-midi où Jansen avait développé les photos de mon amie et moi, la petite ampoule rouge brillait dans l'obscurité. Il se tenait devant la cuve avec des gants de caoutchouc. Il m'avait tendu les négatifs. À notre retour dans l'atelier, la lumière du soleil m'avait ébloui.

Je ne lui en voulais pas. Et même, je le comprenais si bien… J'avais noté chez lui certaines manières d'agir et certains traits de caractère qui m'étaient familiers. Il m'avait dit : « Ne vous inquiétez pas, mon petit… Moi aussi il m'est souvent arrivé de tomber dans des trous noirs… » Je ne pouvais présager de l'avenir, mais d'ici une trentaine d'années, quand j'aurais atteint l'âge de Jansen, je ne répondrais plus au téléphone et je disparaîtrais, comme lui, un soir de juin, en compagnie d'un chien fantôme.

Trois ans plus tard, un soir de juin qui était bizarrement l'anniversaire de son départ, j'ai beaucoup pensé à Jansen. Non pas à cause de cet anniversaire. Mais un éditeur venait d'accepter de publier mon premier livre et j'avais, dans la poche intérieure de ma veste, une lettre qui m'annonçait la nouvelle.

Je me suis souvenu qu'au cours de la dernière soirée que nous avions passée ensemble Jansen s'était inquiété de mon avenir. Et aujourd'hui, on m'avait donné l'assurance que mon livre paraîtrait bientôt. J'étais enfin sorti de cette période de flou et d'incertitude pendant laquelle je vivais en fraude. J'aurais voulu que Jansen soit à côté de moi pour partager mon soulagement. J'étais assis à la terrasse d'un café proche de la rue Froidevaux et, un instant, j'ai eu la tentation d'aller sonner à l'atelier, comme si Jansen était toujours là.

De quelle manière aurait-il accueilli ce premier livre ? Je n'avais pas respecté les consignes de silence qu'il m'avait données le jour où nous avions parlé de littérature. Il aurait sans doute jugé tout cela trop bavard.

Au même âge que moi, il était déjà l'auteur de plusieurs centaines de photos dont quelques-unes composaient *Neige et Soleil.*

Ce soir-là, j'ai feuilleté *Neige et Soleil.* Jansen m'avait dit qu'il n'était pas responsable de ce titre anodin et que l'éditeur suisse l'avait choisi lui-même, sans lui demander son avis.

À mesure que je tournais les pages, je ressentais de plus en plus ce que Jansen avait voulu communiquer et qu'il m'avait mis gentiment au défi de suggérer moi aussi avec les mots : le silence. Les deux premières photos du livre portaient chacune la même légende : *Au 140.* Elles représentaient l'un de ces groupes d'immeubles de la périphérie parisienne, un jour d'été. Personne dans la cour, ni à l'entrée des escaliers. Pas une seule silhouette aux fenêtres. Jansen m'avait expliqué que c'était là où avait habité un camarade de son âge qu'il avait connu au camp de Drancy. Celui-ci, quand le consulat d'Italie avait fait libérer Jansen du camp, lui avait demandé d'aller à cette adresse pour donner de ses nouvelles à des parents et à une amie. Jansen s'était rendu au « 140 » mais il n'y avait trouvé personne de ceux que lui avait indiqués son camarade. Il y était retourné, après la Libération, au printemps de 1945. En vain.

Alors, désemparé, il avait pris ces photos pour que soit au moins fixé sur une pellicule le lieu où avaient habité son camarade et ses proches. Mais la cour, le square et les immeubles déserts sous le soleil rendaient encore plus irrémédiable leur absence.

Les photos suivantes du recueil étaient antérieures à celles du « 140 » car elles avaient été faites quand

Jansen était réfugié en Haute-Savoie : des étendues de neige dont la blancheur contrastait avec le bleu du ciel. Sur les pentes, des points noirs qui devaient être des skieurs, un téléphérique de la taille d'un jouet, et le soleil là-dessus, le même que celui du « 140 », un soleil indifférent. À travers cette neige et ce soleil, transparaissaient un vide, une absence.

Quelquefois, Jansen photographiait de très près des plantes, une toile d'araignée, des coquilles d'escargot, des fleurs, des brins d'herbe au milieu desquels couraient des fourmis. On sentait qu'il immobilisait son regard sur un point très précis pour éviter de penser à autre chose. Je me suis rappelé le moment où nous étions assis sur le banc, dans les jardins des Champs-Élysées, et où, les jambes croisées, il photographiait ses chaussures.

Et, de nouveau, les pentes des montagnes d'une blancheur éternelle sous le soleil, les petites rues et les places désertes du Midi de la France, les quelques photos qui portaient chacune la même légende : *Paris en juillet* – ce mois de juillet de ma naissance où la ville semblait abandonnée. Mais Jansen, pour lutter contre cette impression de vide et d'abandon, avait voulu capter tout un aspect champêtre de Paris : rideaux d'arbres, canal, pavés à l'ombre des platanes, cours, clocher de Saint-Germain de Charonne, escalier de la rue des Cascades… Il était à la recherche d'une innocence perdue et de décors faits pour le bonheur et l'insouciance, mais où, désormais, on ne pouvait plus être heureux.

Il pensait qu'un photographe n'est rien, qu'il doit se fondre dans le décor et devenir invisible pour mieux travailler et capter – comme il disait – la lumière naturelle. On n'entendrait même plus le déclic du Rolleiflex. Il aurait voulu dissimuler son appareil. La mort de son ami Robert Capa s'expliquait justement selon lui par cette volonté, ou ce vertige, de se fondre une fois pour toutes dans le décor.

Hier, c'était le lundi de Pâques. Je longeais la partie du boulevard Saint-Michel qui va de l'ancienne gare du Luxembourg jusqu'à Port-Royal. Une foule de promeneurs se pressait aux grilles d'entrée du jardin mais, là où je marchais, il n'y avait plus personne. Un après-midi, sur le même trottoir, Jansen m'avait désigné la librairie au coin du boulevard et de la petite rue Royer-Collard. Dans celle-ci, il avait assisté, juste avant la guerre, à une exposition des photographies du peintre Wols. Il avait fait sa connaissance et l'admirait autant que Robert Capa. Il était allé lui rendre visite à Cassis où Wols s'était réfugié au début de l'Occupation. C'était Wols qui lui avait appris à photographier ses chaussures.

Jansen avait attiré ce jour-là mon attention sur la façade de l'École des mines dont toute une partie, à hauteur d'homme, portait des traces de balles. Une plaque fendue et légèrement effritée sur ses bords indiquait qu'un certain Jean Monvallier Boulogne, âgé de vingt ans, avait été tué à cet emplacement le jour de la libération de Paris.

J'avais retenu ce nom, à cause de sa sonorité qui évoquait une partie de canotage au Bois avec une fille blonde, un pique-nique à la campagne au bord d'une rivière et d'un vallon où se trouvaient réunis la même fille blonde et des amis – tout cela tranché net un après-midi d'août, devant le mur.

Or, ce lundi, à ma grande surprise, la plaque avait disparu, et je regrettais que Jansen, l'après-midi où nous étions ensemble au même endroit, n'ait pas pris une photo du mur criblé de balles et de cette plaque. Je l'aurais inscrit sur le répertoire. Mais là, brusquement, je n'étais plus sûr que ce Jean Monvallier Boulogne eût existé, et, d'ailleurs, je n'étais plus sûr de rien.

Je suis entré dans le jardin en fendant la foule massée devant les grilles. Tous les bancs, toutes les chaises étaient occupés et il y avait une grande affluence dans les allées. Des jeunes gens étaient assis sur les balustrades et sur les marches qui descendent vers le bassin central, si nombreux qu'on ne pouvait plus accéder à cette partie du jardin. Mais cela n'avait aucune importance. J'étais heureux de me perdre dans cette foule et – selon l'expression de Jansen – de me fondre dans le décor.

Il restait assez de place – une vingtaine de centimètres – pour m'asseoir à l'extrémité d'un banc. Mes voisins n'ont même pas eu besoin de se pousser. Nous étions sous les marronniers qui nous protégeaient du soleil, tout près de la statue de marbre blanc de Velléda. Une femme, derrière moi, bavardait avec une amie et leurs paroles me berçaient : il était question d'une certaine Suzanne, qui avait été mariée à un certain Raymond. Raymond était l'ami de Robert, et Robert, le frère de l'une des femmes. Au début, j'essayais de concentrer mon attention sur ce qu'elles disaient et de recueillir quelques détails qui me serviraient de points de repère pour que les destins de Robert, de Suzanne et de Raymond sortent peu à peu de l'inconnu. Qui sait ? Par le fait du hasard, dont on ignorera toujours les combinaisons infinies, peut-être Suzanne, Robert et Raymond avaient-ils un jour croisé Jansen dans la rue ?

J'étais frappé d'une somnolence. Des mots me parvenaient encore à travers un brouillard ensoleillé : Raymond… Suzanne… Livry-Gargan… À la base… Pépin dans l'œil… Èze-sur-Mer près de Nice… La caserne des pompiers du boulevard Diderot… Le flot des passants dans l'allée augmentait encore cet état de demi-sommeil. Je me rappelais la réflexion de Jansen : « Ne vous inquiétez pas, mon petit… Moi aussi il m'est souvent arrivé dc tomber dans des trous noirs… » Mais là, ce n'était même plus un « trou noir » comme celui que j'avais éprouvé à dix-neuf ans à la terrasse du café de la Paix. J'étais presque soulagé de cette perte progressive d'identité. Je percevais encore quelques mots, les voix des deux femmes devenaient plus douces, plus lointaines. La Ferté-Alais... Cavaleur... Il le lui a rendu en gentillesse... Caravane... Voyage autour du monde...

J'allais disparaître dans ce jardin, parmi la foule du lundi de Pâques. Je perdais la mémoire et je ne comprenais plus très bien le français car les paroles de mes voisines n'étaient maintenant à mes oreilles que des onomatopées. Les efforts que j'avais fournis depuis trente ans pour exercer un métier, donner une cohérence à ma vie, tâcher de parler et d'écrire une langue le mieux possible afin d'être bien sûr de ma nationalité, toute cette tension se relâchait brusquement. C'était fini. Je n'étais plus rien. Tout à l'heure, je me glisserais hors de ce jardin en direction d'une station de métro, puis d'une gare et d'un port. À la fermeture des grilles, il ne resterait de moi que l'imperméable que je portais, roulé en boule, sur un banc.

Je me souviens que les derniers jours avant sa disparition Jansen semblait à la fois plus absent et plus préoccupé que d'habitude. Je lui parlais et il ne me répondait pas. Ou bien, comme si j'avais interrompu le cours de ses pensées, il sursautait et me demandait poliment de lui répéter ce que je venais de dire.

Un soir, je l'avais raccompagné jusqu'à son hôtel, boulevard Raspail, car il dormait de moins en moins souvent dans l'atelier. Il m'avait fait observer que cet hôtel était à une centaine de mètres de celui où il habitait à son arrivée à Paris et que, pour franchir cette courte distance, il lui avait fallu près de trente ans.

Son visage s'était assombri et je sentais bien qu'il voulait me confier quelque chose. Enfin il s'était résolu à parler, mais avec une telle réticence que ses propos étaient embrouillés et que l'on aurait dit qu'il avait de la peine à s'exprimer en français. D'après ce que j'avais compris, il s'était rendu aux consulats de Belgique et d'Italie pour obtenir un extrait d'acte de naissance et d'autres papiers dont il avait besoin en prévision de son départ. Une confusion s'était produite. D'Anvers, sa ville natale, on avait transmis au consulat d'Italie l'état civil d'un autre Francis Jansen, et celui-ci était mort.

Je suppose qu'il avait téléphoné de l'atelier pour qu'on lui donne des renseignements supplémentaires au sujet de cet homonyme puisque j'ai retrouvé sur la page de garde du cahier où j'avais répertorié ses photos les mots suivants, griffonnés de son écriture presque illisible, en italien, comme si on les lui avait dictés : « Jansen Francis, nato a Herenthals in Belgio il 25 aprile 1917. Arrestato a Roma. Detenuto a Roma, Fossoli campo. Deportato da Fossoli il 26 giugno 1944. Deceduto in luogo e data ignoti. »

Ce soir-là, nous avions dépassé son hôtel et nous marchions vers le carrefour Montparnasse. Il ne savait plus quel homme il était. Il m'a dit qu'au bout d'un certain nombre d'années nous acceptons une vérité que nous pressentions mais que nous nous cachions à nous-même par insouciance ou lâcheté : un frère, un double est mort à notre place à une date et dans un lieu inconnus et son ombre finit par se confondre avec nous.

Articles de presse

– *Sur les traces des fantômes*, Delphine Peras, *Lire*.

– *Patrick Modiano*, Nelly Kaprièlian, *Les Inrockuptibles*.

– *À mi-Modiano*, Jacques Braunstein, *Elle*.

– *L'obsession Modiano*, C. Ferniot, *Télérama*.

– *Les « trous noirs » de Modiano*, Mohammed Aïssaoui, *Le Figaro littéraire*.

– *Fleurs de ruine*, Pierre Maury, *Le Soir*.

Sur les traces des fantômes

La magie Modiano opère vraiment à chacun de ses livres. Tenez, ces trois titres qui viennent de paraître en poche, *Remise de peine*, publié pour la première fois en 1988, *Fleurs de ruine*, en 1991, et *Chien de printemps* qui date de 1993 : trois petits romans – même s'il est indiqué « récit » à propos de *Fleurs de ruine*, chez cet auteur la distinction est toujours mince –, d'une centaine de pages chacun, tous trois publiés au Seuil et non chez Gallimard.

Bonne idée. La magie Modiano opère d'autant mieux quand on lit ce trio d'une traite, l'un après l'autre – dans l'ordre chronologique ou non, peu importe. Car ces trois petits romans, qui ont en commun une même veine très autobiographique, reflètent à eux trois, à eux seuls, toute la singularité de l'univers modianesque, les obsessions de cet auteur né en 1945, ses errances dans l'espace et dans le temps, à la recherche d'un passé aussi insaisissable que le blanc de l'œuf…

Un passé indissociable de celui de son père, Albert Modiano, juif d'origine italienne, homme d'affaires un peu louche, raflé par la Gestapo en 1943 puis interné au camp de Drancy, avant d'être mystérieusement libéré par un membre de la rue Lauriston, siège de la milice. Pourquoi, comment ? On retrouve dans *Fleurs de ruine* ces incessants questionnements de l'écrivain sur son père, mort en 1978, sans s'être expliqué auprès de son fils ; sur cette « période trouble et honteuse » qui l'obsède depuis *La Place de l'Étoile*, premier roman paru en 1968, le premier aussi en France à crever l'abcès de cette période taboue de l'Occupation – d'aucuns suggèrent même qu'il serait l'instigateur de ce « O » majuscule…

Il est également question de cette « bande de la rue Lauriston » dans *Remise de peine*, où Modiano évoque son séjour, l'année de ses dix ans, dans une maison de Jouy-en-Josas – maison reproduite dans un épisode de Blake et Mortimer, *S.O.S. Météores*, paru en 1959, ce qui n'a pas échappé à Modiano ! En vadrouille à l'étranger, ses parents l'avaient confié, avec son frère cadet, à trois femmes, des amies de la famille. Qui sont leurs curieux amis ? Quels secrets partagent-ils tous ? Au-delà du regard d'un enfant sur le monde mystérieux des adultes, Modiano recoupe vite le souvenir de cette époque avec sa quête paternelle. Idem dans *Fleurs de ruine* (à quand une thèse, énième certes, sur « L'art du titre chez Modiano » ?), qui commence par rappeler le suicide inexplicable, en 1933, d'un jeune couple de Parisiens sans histoires, au terme d'une virée nocturne jusqu'au Perreux avec deux autres couples, ayant tourné à l'« orgie », selon la presse de l'époque – Modiano est fasciné par les faits divers, il en connaît une quantité impressionnante. Trente ans plus tard, l'auteur de *Dora Bruder* mène à nouveau l'enquête, veut en savoir plus sur les raisons de ce drame étrange.

Et à nouveau, une interrogation en appelant systématiquement une autre dans ce jeu de dominos littéraire si bien rodé, c'est aussitôt l'occasion de traquer sa propre histoire, de sonder sa propre mémoire, pour revenir à la même piste : celle de son père. Cette fois, c'est en suivant la trace d'un certain Pacheco, alias Philippe de Bellune, lui aussi recherché à cause de ses activités sous l'Occupation et qui aurait été interné à Dachau : même incohérence, même ambiguïté que dans le cas d'Albert Modiano. « Sans en avoir clairement conscience, je commençais mon premier livre. Ce n'était pas une vocation ni un don particulier qui me poussaient à écrire, mais tout simplement l'énigme que me posait un homme que je n'avais aucune chance de retrouver, et toutes ces questions qui n'auraient jamais de réponse. »

Modiano résumé par lui-même. Modiano constamment à l'affût de preuves et d'indices pour se persuader lui-même « que ces gens ont vraiment existé ». Dans *Fleurs de ruine*, il dit beaucoup de son besoin de vérité, il insiste sur cette nécessité de « rendre des comptes » – de « payer la note », disait Scott Fitzgerald. Il est également cet extraordinaire mémorialiste d'un Paris qui n'existe plus, une ville qui faisait encore croire que l'aventure est au bout de la rue. Impossible de ne pas le suivre de rue en rue comme de fil en aiguille, de Montmartre – cette « île » – aux Champs-Élysées ; de Saint-Germain-des-Prés à… la rue Lauriston. Modiano écrirait-il toujours le même livre ? Quand bien même ! Qu'elles sont entraînantes, envoûtantes, ses variations sur un même thème !

En témoigne encore le très

troublant *Chien de printemps*, où Modiano évoque sa rencontre, en 1964, avec le photographe Francis Jansen, grand ami de Robert Capa. Près de trente ans plus tard, en 1992, l'écrivain repense à ce Jansen dont il avait trié et catalogué les photos dans son atelier. Or le voilà qui part subitement au Mexique, sans laisser d'adresse. « Je ne pouvais présager de l'avenir, mais d'ici une trentaine d'années, quand j'aurais atteint l'âge de Jansen, je ne répondrais plus au téléphone et je disparaîtrais, comme lui, un soir de juin, en compagnie d'un chien fantôme. » Modiano repense à cet homme mystérieux qui fixait les choses avec les yeux, si proche de l'écrivain-archiviste qui les fixe avec des mots. « Je refusais que les gens et les choses disparaissent sans laisser de traces », écrit-il. Modiano, ou l'entêtement à « briser cette couche de silence et d'amnésie ». Dire que Jansen l'avait surnommé le Scribe !

Moment de grâce assuré avec ces trois petits romans qui se répondent, se correspondent, se mélangent en un singulier kaléidoscope. Et toujours ce fameux style, tutoyant l'épure ; et toujours cette fameuse atmosphère à la fois floue et pleine de précisions, topographiques notamment, patronymiques constamment (à quand une autre thèse sur « Le Bottin mondain dans l'œuvre de Modiano » ?) ; cette atmosphère sépia qui captive aussi sûrement qu'une intrigue de Simenon. Pourvu que l'on retrouve cette âme Modiano dans son nouveau roman à paraître en octobre chez Gallimard, intitulé *Dans le café de la jeunesse perdue*. Pourvu que, dans ce trentième livre, au moins, l'auteur de *Rue des boutiques obscures*, prix Goncourt en 1978, continue à chercher ce qu'il sait ne jamais pouvoir trouver. On ne se lasse pas de chercher avec lui…

Delphine Peras

Patrick Modiano

L'univers tournoyant de Patrick Modiano contenu dans trois romans

Pour patienter en attendant la sortie du nouveau Modiano, que l'on espère, il faut bien l'avouer, comme le Messie (avec le suspense en plus : qu'écrira-t-il après le définitif *Un pedigree ?*), ses romans ont l'immense avantage de condenser tout l'univers du très grand Modiano. *Remise de peine* (1988), *Fleurs de ruine* (1991), *Chien de printemps* (1993), lus l'un après l'autre, sont comme le manège de toutes les obsessions de l'auteur de *Dora Bruder* : le temps qui passe, le temps passé, les fantômes et les souvenirs, de la quête à l'enquête. *Remise de peine* raconte l'enfance, les adultes vus par un enfant qui ne comprend pas tout, à qui ils paraissent aussi mystérieux que des personnages de roman, recelant un secret (un ressort qui habite toute son œuvre). Dans *Fleurs de ruine*, Modiano part du suicide d'un jeune couple en 1933 et interroge la trajectoire de leur dernière nuit. Dans *Chien de printemps*, un homme est hanté, trente ans plus tard, par un photographe rencontré en 1964 dans un café parisien, en train de photographier un jeune couple. Un univers en boucle, qui n'en finit pas de nous happer dans son tournoiement.

Nelly Kaprièlian

5 juin 2007.

À mi-Modiano

Il y a le Patrick Modiano des années 70, 80, paradoxal romancier de l'amnésie et du regret, qui nous emmène de *La Place de l'étoile* à *Quartier perdu* via *Les Boulevards de ceinture* et la *Rue des boutiques obscures*. Puis le Modiano d'aujourd'hui qui tente de serrer ses obsessions au plus près avec des textes presque comportementalistes comme *Dora Bruder* ou *Un pedigree*, sa très sobre autobiographie… Entre les deux, trois courts romans moins connus : *Remise de peine*, *Fleurs de ruine*, *Chien de printemps*, tentatives autobiographiques encore prises dans le brouillard hypnotique de sa fiction. Il y raconte, par exemple, comment, enfant, il a entendu parler des voyous de la Gestapo française auxquels ses parents eurent à faire. « "Andrée fréquentait la bande de la rue Lauriston." Cette phrase m'avait frappé. Nous aussi, à l'école, nous formions une bande. (…) On nous appelait "la bande de la rue du Docteur-Dordaine." » Naissance d'un univers fait de noms mystérieux, de lieux historiques et de rendez-vous dans des cafés : un anti-« Pedigree », qui le complète parfaitement.

Jacques Braunstein

L'obsession Modiano

Parus entre 1988 et 1993, trois romans de Patrick Modiano sont réédités dans la collection Points. *Remise de peine* dépeint le regard de deux enfants sur les mystères du monde adulte. *Fleurs de ruine* est une enquête sur le suicide d'un jeune couple en 1933, tandis que le narrateur arpente les rues, cherchant les traces d'un passé de plus en plus fantomatique. *Chien de printemps*, le plus troublant, s'attache à la disparition d'un photographe qui accepte, juste avant sa fuite, qu'un jeune homme recense ses clichés empilés dans des valises. La lecture des trois ouvrages devient vite obsédante. On traque les recoupements, cherchant un nom récurrent, une rue, une situation… Tout a été dit sur l'écriture de Modiano, ses évocations mélancoliques, cette façon de traquer le souvenir et de le rendre familier. Puis on lit ces trois livres et le plaisir nous submerge, en attendant le prochain, en octobre.

C. Ferniot

Les « trous noirs » de Modiano

Chien de printemps est paru voilà une bonne vingtaine d'années, en octobre 1993. Avec *Fleurs de ruine* (avril 1991) et *Remise de peine* (janvier 1988), ce sont les seuls titres qui ont été publiés au Seuil, Modiano ayant signé la quasi-totalité de ses romans ou de ses récits chez Gallimard.

Le photographe* est un personnage qui semble avoir existé mais que Modiano a inventé : après avoir connu une certaine notoriété, Francis Jansen, qui fut proche de Robert Capa, prend la soudaine décision de tout abandonner pour partir au Mexique. Il laisse au narrateur toutes ses photos – comme la marque de son passage. Le jeune homme n'en fait rien. Ce n'est que des dizaines d'années plus tard, en retrouvant un cliché qu'il replonge dans ces archives. « *Il a quitté la France au mois de juin 1964, et j'écris ces lignes en avril 1992 (…). Son souvenir était resté en hibernation et voilà qu'il ressurgit au début de ce printemps de 1992.* »

C'est, bien sûr, l'un des thèmes majeurs de l'auteur de *Dora Bruder* : la quête d'un homme, d'un parcours, d'une destinée à travers des photos, des papiers d'identité, des documents administratifs, des annuaires téléphoniques… Ou comment reconstituer un puzzle dont on n'est pas sûr que toutes

* dans *Chien de printemps* [note de l'éditeur].

les pièces existent. Dans ce court roman, comme dans *Pedigree*, mais aussi dans plusieurs autres textes de Modiano, il est question d'un chien sans collier, d'un « *chien fantôme* ». S'ils ne font que se croiser, le narrateur et le Wphotographe se retrouvent sur un point : ils leur arrivent à tous deux de tomber dans des trous noirs. La fin, quand il revoit Jansen en « *ombres chinoises* », constitue un rebondissement « modianesque » : « *Il ne savait plus quel homme il était.* »

Mohammed Aïssaoui

Fleurs de ruine

Patrick Modiano a fait quelques infidélités rares à son éditeur habituel. Sans changer de ton : les trois ouvrages publiés au Seuil, réédités ensemble aujourd'hui, lui ressemblent bien. En particulier *Fleurs de ruine*, un récit. Modiano arpente Paris sur les traces d'un mystère datant de 1933. Il revient sur des lieux où il n'est pas passé depuis longtemps, déambule dans un passé flou. Comme un myope, il fixe des détails, cherche à les rassembler pour leur donner un sens. Le titre de ce livre pourrait être celui de toute son œuvre : les ruines y abondent, auxquelles l'écrivain tente de redonner un peu de couleur, même quand les photos sont passées.

Modiano ne pratique pas autrement dans les romans. La frontière de la fiction est mince chez lui. *Remise de peine* pourrait avoir été inspiré par sa propre jeunesse, dont il utilise plusieurs éléments. Et, comme dans *Chien de printemps*, le narrateur a l'ambition de devenir écrivain.

Les convergences dessinent un réseau serré d'hypothèses à partir desquelles nous cheminons dans la mémoire des personnages. Il y a toujours quelque chose d'une enquête dans ces pages pleines de points d'interrogation. Une enquête sur soi-même en général : les liens entre le narrateur et ce qu'il découvre, ou redécouvre, sont l'essentiel. Avec, bien sûr, cette écriture inimitable et séduisante.

Pierre Maury
© *Le Soir*,
25 mai 2007.

Postface

« Je m'étais assis à la terrasse de l'un des cafés, vis-à-vis du stade Charléty. J'échafaudais toutes les hypothèses concernant Philippe de Pacheco dont je ne connaissais même pas le visage. Je prenais des notes. Sans en avoir clairement conscience, je commençais mon premier livre. Ce n'était pas une vocation, ni un don particulier qui me poussaient à écrire, mais tout simplement l'énigme que me posait un homme que je n'avais aucune chance de retrouver, et toutes ces questions qui n'auraient jamais de réponse », nous confie le narrateur de *Fleurs de ruine*. Les deux romans et le récit réunis ici évoquent tous l'écriture d'un premier livre. Dans *Remise de peine*, roman où le narrateur est au plus près d'un Modiano enfant qu'on surnomme Patoche, Patrick a vingt ans quand il essaye d'écrire un premier livre dans une chambre, rue Coustou, près de la place Blanche. Le narrateur de *Chien de printemps*, trois ans après sa brève rencontre avec le photographe Francis Jansen, parle du soulagement éprouvé grâce à la certitude que son premier livre serait bientôt publié. « J'étais enfin sorti de cette période de flou et d'incertitude pendant laquelle je vivais en fraude. » Dans *Un pedigree*, premier récit exclusivement autobiographique, Patrick Modiano parle d'une « vie qui n'était pas la mienne » à propos de la période qui s'achève par la rupture définitive avec le père et la rédaction de son premier manuscrit, celui de *La Place de l'Étoile*. Les personnages de Modiano s'accrochent aux moindres indices, à tous les noms de lieux, de personnes, qui pourraient leur offrir les repères dont ils manquent. Ils héritent de l'identité instable de leur auteur. Patrick Modiano semble mû par le même élan que le narrateur de *Fleurs de ruine*, une énigme qui le restera, qui doit le rester, mais qui toujours suggère un « fond solide sous les sables mouvants ».

Dans *Remise de peine*, l'énigme, ce sont les femmes de la maison de la rue du Docteur-Dordaine qui hébergent pendant plus d'un an Patoche, âgé de dix ans, et son frère cadet, délaissés par une mère en tournée et un père qui leur rend visite entre deux voyages à Brazzaville. Il y a la petite Hélène, ancienne écuyère et acrobate qui boite légèrement à cause d'un accident du travail. Il y a Annie dont le doux visage contraste avec la brutalité de son vieux blouson de cuir marron. Il y a la mère d'Annie, Mathilde F., au chignon gris et à l'accent du Midi. Il y a aussi l'amie d'Annie F., Frede dont la boîte de nuit est pour Patoche et son frère « un cirque sous un chapiteau de toile blanche, rayée de rouge, qui s'appelait "le Carroll's" », Frede qui reçoit beaucoup de courrier rue du Docteur-Dordaine. Patoche se souvient des « gens mystérieux » reçus à la maison. Il échoue à identifier la plupart d'entre eux qui en sont quittes pour leurs « mauvaises fréquentations » passées. Mais il a gardé une image nette de trois d'entre eux : Roger Vincent et son sourire qui « l'enveloppait comme d'une brume légère », Jean D. et sa grosse montre, Andrée K. dont on disait qu'elle était « la femme d'un grand toubib ». Dans *Remise de peine*, Patoche, qui aime s'aventurer de nuit dans le château d'Eliot Salter, marquis de Caussade, semble éclairer de sa lampe torche tous ces êtres au passé brumeux et aux affaires louches. Le narrateur de *Fleurs de ruine* part sur les traces d'Urbain et Gisèle T. morts dans des circonstances mystérieuses, 26, rue des Fossés-Saint-Jacques, le 24 avril 1933. Patoche a gardé un étui à cigarettes offert par Annie, « seul objet qui témoignait d'une période de ma vie dont je ne pouvais parler à personne, et dont je me demandais quelquefois si je l'avais vraiment vécue ». Lui, il a pour seul indice de cette « nuit d'avril 1933 où les T. avaient échoué au Perreux avec les deux autres couples » l'ascenseur rouge évoqué par Gisèle T. avant de succomber à ses blessures. À l'aide d'annuaires et de vieux journaux, il cherche des renseignements sur un homme qui se fait appeler Pacheco, se dit aussi Philippe de Bellune. Dans *Chien de printemps*, le narrateur a dix-neuf ans au printemps 1964 quand il rencontre le photographe Francis Jansen dans un café de la place Denfert-Rochereau. Ce dernier accepte qu'il entreprenne de classer les photos contenues dans trois valises. Patoche tente de recenser les visiteurs du soir. Le narrateur de *Fleurs de ruine* recense les anciens habitants de l'île des Loups, île où, selon lui, s'est joué le destin du couple T. Le « Scribe » de Jansen motive ainsi son entreprise : « Si je m'étais engagé dans ce travail, c'est que je refusais que les gens et les choses disparaissent sans laisser de trace. Mais pouvons-nous jamais nous y résoudre ? » Toujours ce goût du recensement des personnes disparues.

Patrick Modiano nourrit ses romans des temps qui le hantent, sa préhistoire, les années trente et quarante, mais aussi les années cinquante et soixante de son enfance. En 1992, entre *Fleurs de ruine* et *Chien de printemps*, il déclarait ainsi : « On est à jamais marqué par ce qu'on a éprouvé entre six et vingt ans. On retourne toujours à la case départ de l'enfance. » Le narrateur de *Remise de peine* a conscience de ses obsessions, de ses marques. Les guillemets signalent l'étrangeté de ces expressions entendues enfant et qui se gravent à jamais dans notre mémoire : l'« imbécile heureux » qu'il est, Annie la « tête brûlée », la « série noire » offerte par Roger Vincent, « un œil derrière la tête » dont se prévaut l'inquiétante Mathilde. « Je me souviens d'une phrase sibylline que [le neveu de Frede] nous avait dite et qui éveille encore en moi un écho : – Annie a pleuré toute la nuit au Carroll's… », lit-on aussi. À propos des gens qui venaient voir Annie et la petite Hélène, Patoche dit : « Ils venaient, chacun leur tour, sonner à la porte. Je voyais bien leurs visages, sous la lumière vive de l'ampoule du perron. Certains se sont gravés dans ma mémoire pour toujours. Et je m'étonne que les policiers ne m'aient pas interrogé : pourtant les enfants regardent. Ils écoutent aussi. » Le passé ne passe pas. Il persiste. Patrick Modiano use souvent de l'image de la trace. Dans *Remise de peine*, c'est le verbe « graver » qui revient : « J'écoutais toutes leurs paroles et elles se gravaient dans ma mémoire », « Quelques phrases vous restent gravées dans l'esprit pour toujours ». On trouve aussi la résonance de l'écho : « Jamais plus aucune phrase n'aura pour nous un tel écho. C'était comme le sourire de Roger Vincent. » Mais la phrase la plus entêtante pour le lecteur est sans doute celle-ci : « Andrée fréquentait la bande de la rue Lauriston. » L'œuvre de Modiano demeure à jamais marquée par ce passé antérieur de l'Occupation. Patoche nous dit : « Cette phrase m'avait frappé. Nous aussi, à l'école, nous formions une bande : le fils du fleuriste, le fils du coiffeur et deux ou trois autres dont je ne me souviens plus et qui habitaient tous la même rue. On nous appelait : "La bande de la rue du Docteur-Dordaine." [...] Par la suite, j'ai surpris encore ce nom dans leur conversation et je me suis habitué à sa sonorité. Quelques années plus tard, je l'ai entendu dans la bouche de mon père, mais j'ignorais que "la bande de la rue Lauriston" me hanterait si longtemps. » Dans *Fleurs de ruine*, Claude Bernard apprend au narrateur qu'un planton de la rue Lauriston est devenu portier de boîte de nuit. Dans *Remise de peine* et *Fleurs de ruine*, la figure du père est associée à la rue Lauriston par le biais de l'énigmatique Pagnon. Ce personnage qui parcourt l'œuvre de Modiano constitue un des secrets que son père a emportés avec lui et précise, sans pour autant le confirmer, le lien des parents de plusieurs protagonistes avec le milieu collaborateur. Dans *Remise de peine*, il est question de l'arrestation du père et de son internement dans une annexe du camp de Drancy, quai de la Gare. « Une nuit, quelqu'un était venu en voiture, quai de la Gare, et avait fait libérer mon père. Je m'imaginais – à tort ou à raison – que c'était un certain Louis Pagnon qu'on appelait "Eddy", fusillé à la Libération avec les membres de la bande de la rue Lauriston dont il faisait partie. » L'enquête du narrateur de *Fleurs de ruine* le mène vers une Sylviane, compagne de Pagnon en 1944, et le renvoie à l'hiver 1943, à la libération de son père par Pagnon. Dans *Chien de printemps*, c'est Francis Jansen qui se fait libérer du camp de Drancy mais grâce au consulat d'Italie. Le père n'est évoqué que dans un souvenir apparemment bien loin de la nuit de l'Occupation. La veille du départ de Jansen, le narrateur se rend avec lui boulevard des Italiens, dans ce café de la Paix où il n'est jamais revenu depuis que son père l'y emmenait le dimanche après-midi. Ils avaient l'habitude de s'y peser sur la balance automatique. Poids du père ajouté au poids de l'enfant. Mais le narrateur de *Chien de printemps* en remontant sur la balance va déclencher un engourdissement, un malaise, un de ces « trous noirs » dont Jansen se dit familier. Les héros de Modiano échouent à se délivrer du poids du père, comme ils échouent à reconstituer le passé. Le bonheur d'un « temps retrouvé » ne leur est jamais accordé. Le vécu total ne revient jamais. Des bribes de passé flottent dans les mémoires. Pour le narrateur de *Chien de printemps*, il est impossible d'achever ses souvenirs, impossible de finir le puzzle et impossible aussi de brûler ses pièces. Pourtant il s'obstine, comme tous les autres personnages, tiraillés entre mémoire et oubli, incapables d'atteindre tout à fait l'un ou l'autre, incapables donc de se libérer du passé. « Quand le jour se prolonge jusqu'à dix heures du soir, à cause de l'heure d'été et que le bruit de la circulation s'est tu, j'ai l'illusion qu'il suffirait que je retourne dans les quartiers lointains pour retrouver ceux que j'ai perdus et qui sont demeurés là-bas […]. Le matin, vous essayez de vous rappeler le rêve de la nuit, et il ne vous en reste que des lambeaux que vous voudriez rassembler mais qui se volatilisent. Moi, j'ai connu cette femme dans une autre vie et je fais des efforts pour m'en souvenir. Un jour, peut-être, parviendrai-je à briser cette couche de silence et d'amnésie. »

En 2001, Patrick Modiano déclare : « Je ne crois pas que mes romans soient figés dans une époque – les années soixante ou quarante. C'est une rêverie tout à fait subjective sur les années soixante ou quarante, mais aussi bien sur des choses courantes : une cabine téléphonique, une chaussure, un chien… Et la rêverie est intemporelle. » Intemporelle comme la rêverie, son œuvre dit la confusion du temps, ses effets de surimpression ou de simultanéité. Un temps n'efface pas l'autre, il s'y ajoute. Le narrateur de *Chien de printemps* parle de Patrick Modiano et plus seulement du photographe du roman quand il nous dit à propos de Jansen : « Il m'avait expliqué qu'il lacérait lui-même les affiches dans les rues pour qu'apparaissent celles que les plus récentes avaient recouvertes. Il décollait leurs lambeaux couche par couche et les photographiait au fur et à mesure avec minutie, jusqu'aux derniers fragments de papier qui subsistaient sur la planche ou la pierre. » En avril 1992, quand le souvenir des mois passés avec Jansen ressurgit, il se demande si ce n'est pas parce que les printemps se ressemblent : « le mois d'avril 1992 se fondait par un phénomène de surimpression avec celui d'avril 1964, et avec d'autres mois d'avril dans le futur ». Si la surimpression est possible, c'est parce que le temps est transparent. C'est ainsi qu'au hasard de ses promenades dans Paris, le narrateur de *Fleurs de ruine* le ressent alors qu'il vient de croiser une ancienne connaissance, un certain François, surnommé « le Philosophe », devant les grilles du Luxembourg : « J'ai traversé les jardins. Était-ce la rencontre de ce fantôme ? Les allées du Luxembourg où je n'avais pas marché depuis une éternité ? Dans la lumière de fin d'après-midi, il m'a semblé que les années se confondaient et que le temps devenait transparent. » Le temps vécu comme le temps du souvenir ou du rêve captent le réel à travers ses expressions les plus éphémères, ses sensations les plus imprécises. La mémoire à l'œuvre dans les textes de Patrick Modiano réussit à réunir les différentes couches de temps et à les transformer en une nouvelle réalité temporelle, celle d'un temps purement romanesque, à la fois évanescent et palpable.

Les êtres aussi se superposent les uns aux autres comme des couches d'affiches, se suivent comme des ombres. L'homme du café Wagram apprend au Patrick de *Remise de peine* que son étui en crocodile est le fruit d'un cambriolage qui a eu lieu une quinzaine d'années plus tôt. Celui-ci nous confie alors : « Depuis très longtemps, c'était la première fois que je sentais la présence d'Annie. Elle marchait derrière moi, ce soir-là. Roger Vincent et la petite Hélène, eux aussi, devaient se trouver quelque part dans cette ville. Au fond, ils ne m'avaient jamais quitté. » Les hommes qui entourent Jacqueline dans ce restaurant du XVIe arrondissement, où le narrateur de *Fleurs de ruine* tente d'en apprendre plus sur elle, appartiennent au « monde de [son] père » : « Marquis et chevaliers d'industrie. Gentilshommes de fortune. Gibier de correctionnelle. L'Ange le Maquignon. Je les tire une dernière fois du néant avant qu'ils y retournent définitivement. » Et puis il y a ces êtres qui recroisent notre route. Le narrateur de *Chien de printemps* nous avertit : « Certaines coïncidences risquent d'être ignorées de nous, certaines personnes sont apparues dans notre vie à plusieurs reprises et nous ne nous en doutions même pas. » Ainsi Colette Laurent dont le portrait orne le mur de l'atelier de Jansen à côté de celle de Robert Capa, à Berlin, en août 1945 : le narrateur l'a croisée enfant, rue Saint-Guillaume, et puis, à Deauville, un été, elle l'a envoyé chercher une lettre à l'hôtel Royal. Le joueur de boules du Luxembourg semble bien être ce Michel L. dont les yeux offraient « un regard étrange, à facettes, et laissaient supposer que son angle de vision était plus large que la normale », des yeux qui l'avaient frappé sur les photos qu'avait prises Jansen. À la fin de *Fleurs de ruine*, au Luxembourg encore, le narrateur n'ose pas demander au guide d'un groupe de Japonais s'il n'est pas Monsieur Lombard, « le faux Pacheco de l'époque de la Cité universitaire ».

Si les époques se juxtaposent par effet de transparence, il en va de même pour les lieux. Les lieux qui fascinent les narrateurs ont le pouvoir d'en évoquer d'autres et de permettre la rêverie. Dans *Fleurs de ruine*, Paris prend le premier rôle et le narrateur y laisse libre cours à une mélancolie presque hallucinée. « Quand il pleuvait rue d'Odessa ou rue du Départ, je me sentais dans un port breton, sous le crachin. De la gare, qui n'était pas encore détruite, s'échappaient des bouffées de Brest ou de Lorient. » Montparnasse n'est plus un détour vers un port breton. Il en devient un.

Montmartre et le décor du restaurant San Cristobal offrent une île caraïbe en pleine ville. Le quartier de Saint-Germain-des-Prés, qui ressurgit de l'enfance par un après-midi d'été au tournant de la rue Cardinale, tout droit sorti du temps où il ressemblait à la vieille ville de Saint-Tropez, sans les touristes, permet un instant de croire que « de la place de l'église, la rue Bonaparte descendait vers la mer ». Dans *Remise de peine*, sur les traces de Pagnon et du garage du XVIIe où il fut employé de 1937 à 1939, Patrick confie : « Aujourd'hui, je me dis que le garage où m'emmenait Annie avec mon frère doit figurer sur la liste. C'était peut-être le même que celui de Pagnon. Je revois les feuillages des arbres de la rue, la grande façade beige à fronton… Ils l'ont démoli avec les autres, et toutes ces années n'auront été, pour moi, qu'une longue et vaine recherche d'un garage perdu. »

Dans les années soixante-dix, alors qu'on l'interrogeait sur la mélancolie de ses premiers romans, Patrick Modiano répondait : « J'ai toujours regardé en arrière ; si j'ai senti, très jeune et de façon très aiguë, que le temps finissait par tout ronger, par tout dissoudre, par tout détruire, c'est que j'avais moi-même un profond sentiment d'insécurité, de là cet esprit de fuite… la sensation que tout, toujours, se dérobe. » Le temps comme puissance destructrice, son pouvoir de dispersion comme sa faculté d'engloutissement, d'étouffement par des « fleurs de ruine ». « J'ai senti une pression au creux de la poitrine, une fleur dont les pétales s'agrandissaient et me faisaient suffoquer. J'étais cloué au sol. Par bonheur, la présence de mes filles me rattachait au présent. Sinon tous les anciens dimanches soir, avec leur rentrée au pensionnat, la traversée du Bois de Boulogne, les manèges disparus de Neuilly, les veilleuses du dortoir, ces dimanches-là m'auraient submergé de leur odeur de feuilles mortes. » Contre le temps qui recouvre tout et la pesanteur d'une mémoire empoisonnée, il y a la tentation de l'oubli incarnée par Jansen dans *Chien de printemps*. « C'est comme si chacune de ces photos était pour moi un remords... Il vaut mieux faire table rase... [...] Il aurait voulu oublier "tout ça", être frappé d'amnésie. » Mais, chez Patrick Modiano, l'oubli se trouve dans la fuite, la fugue, comme la sienne en janvier 1960 qui hante nombre de ses romans et notamment *Remise de peine*. Dans *Fleurs de ruine*, Pacheco, « homme aussi fuyant et aussi lisse que son regard », est associé à une ambiance d'aéroport, comme le père à un hall de grand hôtel. En laissant en garde une valise au narrateur, il semble avoir « abandonné ces dépouilles, sûr de faire peau neuve, à Casablanca ou ailleurs ». Dans *Chien de printemps*, Jansen « aura tout fait pour qu'on l'oublie, jusqu'à partir pour le Mexique en juin 1964 et ne plus donner signe de vie ». La veille de son départ, le narrateur l'accompagne dans son dernier pèlerinage sur les lieux de sa jeunesse et note : « Je ne pouvais présager de l'avenir, mais d'ici une trentaine d'années, quand j'aurais atteint l'âge de Jansen, je ne répondrais plus au téléphone et je disparaîtrais, comme lui un soir de juin, en compagnie d'un chien fantôme. » Le narrateur de *Fleurs de ruine* envisage d'emmener un chien à Vienne. En avril 1992, aux dernières pages de *Chien de printemps*, le narrateur raconte comment, la veille, assis sur un banc du Luxembourg, il a été pris de somnolence et s'est senti disparaître lui aussi. « C'était fini. Je n'étais plus rien. Tout à l'heure, je me glisserais hors de ce jardin en direction d'une station de métro, puis d'une gare et d'un port. À la fermeture des grilles, il ne resterait de moi que l'imperméable que je portais, roulé en boule, sur un banc. » Les promenades du narrateur de *Fleurs de ruine* le mènent de la rive gauche à la rive droite. « Je me demande aujourd'hui ce que je fuyais en traversant le pont des Arts. Peut-être le quartier que j'avais connu avec mon frère et qui, sans lui, n'était plus le même. » La mort de son frère apparaît pour la première fois dans l'œuvre de Modiano dans *Remise de peine*. Patrick dit : « J'avais perdu mon frère. Le fil avait été brisé. Un fil de la Vierge. » Aux dernières lignes de *Chien de printemps*, Jansen, qui a découvert la mort d'un homonyme par une confusion administrative, confie au narrateur « qu'au bout d'un certain nombre d'années nous acceptons une vérité que nous nous cachions à nous-même par insouciance ou lâcheté : un frère, un double est mort à notre place à une date et dans un lieu inconnus et son ombre finit par se confondre avec nous ». Alors la fuite est vaine, l'ombre nous suit. Patoche et son frère, dans *Remise de peine*, reçoivent pour Noël une autotamponneuse vert pâle, une auto destinée à tourner en rond. Dans *Fleurs de ruine*, les couleurs des poissons de l'Aquarium rappellent au narrateur celles des autos tamponneuses de son enfance.

Avec Jansen, ce photographe « à la recherche d'une innocence perdue et de décors faits pour le bonheur et l'insouciance mais où désormais, on ne pouvait plus être heureux », Patrick Modiano se crée une nouvelle ombre. « Voilà ce qui aurait été intéressant à son avis : réussir à créer le silence avec des mots [...]. De tous les caractères d'imprimerie, il m'avait dit qu'il préférait les points de suspension. » Si Patrick Modiano, à travers ses romans, s'est livré à un déchiffrement personnel, ce n'a jamais été que pour partir à la découverte de nouvelles traces, pour faire résonner de nouveaux silences. Il rejette l'introspection en ce qu'elle comporte d'élucidation. Il se méfie de ceux qui veulent combler les silences. Il redoute que la part autobiographique de son œuvre ne fasse oublier l'essentiel : son art de la suggestion. Il avoue ainsi : « Je me sens un peu coupable quand le livre est trop court. Mais cela tient au fait que j'ai voulu suggérer beaucoup de choses. Il y a toute une partie invisible. Sans s'en rendre compte, le lecteur devrait pouvoir reconstituer de lui-même ce que j'imagine par le silence. »

Nadia BUTAUD

DU MÊME AUTEUR

La Place de l'Étoile
prix Roger-Nimier
prix Fénéon
Gallimard, 1968
et « Folio », n° 698

La Ronde de nuit
Gallimard, 1970
et « Folio », n° 835

Les Boulevards de ceinture
Grand Prix de l'Académie française
Gallimard, 1972
et « Folio », n° 1033

Lacombe Lucien
(en collaboration avec Louis Malle)
Gallimard, 1974

Villa triste
Gallimard, 1975
et « Folio », n° 953

Emmanuel Berl, interrogatoire
Gallimard, 1976

Livret de famille
Gallimard, 1977
et « Folio », n° 1293

Rue des boutiques obscures
prix Goncourt
Gallimard, 1978
et « Folio », n° 1358

Une jeunesse
Gallimard, 1981
et « Folio », n° 1629

Memory Lane
(en collaboration avec Pierre Le-Tan)
P.O.L., 1981
et « Points Roman », n° R107

De si braves garçons
Gallimard, 1982
Le Rocher, 1999
et « Folio », n° 1811

Poupée blonde
(en collaboration avec Pierre Le-Tan)
P.O.L., 1983
et « Points Roman », n° R494

Quartier perdu
Gallimard, 1984
et « Folio », n° 1942

Dimanches d'août
Gallimard, 1986
et « Folio », n° 2042

Une aventure de Choura
(illustrations de Dominique Zehrfuss)
Gallimard, 1986

Une fiancée pour Choura
(illustrations de Dominique Zehrfuss)
Gallimard, 1987

Remise de peine
Seuil, 1988
et « Points », n° P261

Vestiaire de l'enfance
Gallimard, 1989
et « Folio », n° 2253

Voyage de noces
Gallimard, 1990
et « Folio », n° 2330

Catherine Certitude
(en collaboration avec Sempé)
Gallimard, 1990
et « Folio », n° 4298

Fleurs de ruine
Seuil, 1991
« Points Roman », n° R546
et « Points », n° P162

Un cirque passe
Gallimard, 1992
et « Folio », n° 2628

Chien de printemps
Seuil, 1993
et « Points », n° P75

Du plus loin de l'oubli
Gallimard, 1996
et « Folio », n° 3005

Dora Bruder
Gallimard, 1997, 2004
et « Folio », n° 3181

Des inconnues
Gallimard, 1999
et « Folio », n° 3408

Paris tendresse
(en collaboration avec Brassaï)
Hoebeke, 2000

La Petite Bijou
Gallimard, 2001
et « Folio », n° 3766

Éphéméride
Mercure de France, 2002

Accident nocturne
Gallimard, 2003
et « Folio », n° 4184

Un pedigree
Gallimard, 2005
et « Folio », n° 4377

28 paradis
(illustrations de Dominique Zehrfuss)
L'Olivier, 2005

3 nouvelles contemporaines
(lecture accompagnée par Françoise Spiess)
(en collaboration avec Marie NDiaye et Alain Spiess)
Gallimard-éducation, 2006

RÉALISATION : IGS-CP À L'ISLE-D'ESPAGNAC
IMPRIMERIE : NORMANDIE ROTO IMPRESSION S.A.S., À LONRAI
DÉPÔT LÉGAL : NOVEMBRE 2007. N° 96519 (072598)
IMPRIMÉ EN FRANCE

Collection Points

DERNIERS TITRES PARUS

P1690. La Défense Lincoln, *Michael Connelly*
P1691. Flic à Bangkok, *Patrick Delachaux*
P1692. L'Empreinte du renard, *Moussa Konaté*
P1693. Les fleurs meurent aussi, *Lawrence Block*
P1694. L'Ultime Sacrilège, *Jérôme Bellay*
P1695. Engrenages, *Christopher Wakling*
P1696. La Sœur de Mozart, *Rita Charbonnier*
P1697. La Science du baiser, *Patrick Besson*
P1698. La Domination du monde, *Denis Robert*
P1699. Minnie, une affaire classée, *Hans Werner Kettenbach*
P1700. Dans l'ombre du Condor, *Jean-Paul Delfino*
P1701. Le Nœud sans fin. Le Chant d'Albion III
Stephen Lawhead
P1702. Le Feu primordial, *Martha Wells*
P1703. Le Très Corruptible Mandarin, *Qiu Xiaolong*
P1704. Dexter revient !, *Jeff Lindsay*
P1705. Vous plaisantez, monsieur Tanner, *Jean-Paul Dubois*
P1706. À Garonne, *Philippe Delerm*
P1707. Pieux mensonges, *Maile Meloy*
P1708. Chercher le vent, *Guillaume Vigneault*
P1709. Les Pierres du temps et autres poèmes, *Tahar Ben Jelloun*
P1710. René Char, *Éric Marty*
P1711. Les Dépossédés, *Robert McLiam Wilson et Donovan Wylie*
P1712. Bob Dylan à la croisée des chemins. Like a Rolling Stone
Greil Marcus
P1713. Comme une chanson dans la nuit
suivi de Je marche au bras du temps, *Alain Rémond*
P1714. Où les borgnes sont rois, *Jess Walter*
P1715. Un homme dans la poche, *Aurélie Filippetti*
P1716. Prenez soin du chien, *J.M. Erre*
P1717. La Photo, *Marie Desplechin*
P1718. À ta place, *Karine Reysset*
P1719. Je pense à toi tous les jours, *Hélèna Villovitch*
P1720. Si petites devant ta face, *Anne Brochet*
P1721. Ils s'en allaient faire des enfants ailleurs
Marie-Ange Guillaume
P1722. Le Jugement de Léa, *Laurence Tardieu*
P1723. Tibet or not Tibet, *Péma Dordjé*
P1724. La Malédiction des ancêtres, *Kirk Mitchell*
P1725. Le Tableau de l'apothicaire, *Adrian Mathews*
P1726. Out, *Natsuo Kirino*

P1727. La Faille de Kaïber. Le Cycle des Ombres I
Mathieu Gaborit
P1728. Griffin. Les Descendants de Merlin III, *Irene Radford*
P1729. Le Peuple de la mer. Le Cycle du Latium II
Thomas B. Swann
P1730. Sexe, mensonges et Hollywood, *Peter Biskind*
P1731. Qu'avez-vous fait de la révolution sexuelle ?
Marcela Iacub
P1732. Persée, prince de la lumière. Le Châtiment des dieux III
François Rachline
P1733. Bleu de Sèvres, *Jean-Paul Desprat*
P1734. Julius et Isaac, *Patrick Besson*
P1735. Une petite légende dorée, *Adrien Goetz*
P1736. Le Silence de Loreleï, *Carolyn Parkhurst*
P1737. Déposition, *Leon Werth*
P1738. La Vie comme à Lausanne, *Erik Orsenna*
P1739. L'Amour, toujours !, *Abbé Pierre*
P1740. Henri ou Henry, *Didier Decoin*
P1741. Mangez-moi, *Agnès Desarthe*
P1742. Mémoires de porc-épic, *Alain Mabanckou*
P1743. Charles, *Jean-Michel Béquié*
P1744. Air conditionné, *Marc Vilrouge*
P1745. L'Homme qui apprenait lentement, *Thomas Pynchon*
P1746. Extrêmement fort et incroyablement près
Jonathan Safran Foer
P1747. La Vie rêvée de Sukhanov, *Olga Grushin*
P1748. Le Retour du Hooligan, *Norman Manea*
P1749. L'Apartheid scolaire, *G. Fellouzis & Cie*
P1750. La Montagne de l'âme, *Gao Xingjian*
P1751. Les Grands Mots du professeur Rollin
Panacée, ribouldingue et autres mots à sauver
Le Professeur Rollin
P1752. Dans les bras de Morphée
Histoire des expressions nées de la mythologie
Isabelle Korda
P1753. Parlez-vous la langue de bois ?
Petit traité de manipulation à l'usage des innocents
Martine Chosson
P1754. Je te retrouverai, *John Irving*
P1755. L'Amant en culottes courtes, *Alain Fleischer*
P1756. Billy the Kid, *Michael Ondaatje*
P1757. Le Fou de Printzberg, *Stéphane Héaume*
P1758. La Paresseuse, *Patrick Besson*
P1759. Bleu blanc vert, *Maïssa Bey*
P1760. L'Été du sureau, *Marie Chaix*
P1761. Chroniques du crime, *Michael Connelly*

P1762. Le croque-mort enfonce le clou, *Tim Cockey*
P1763. La Ligne de flottaison, *Jean Hatzfeld*
P1764. Le Mas des alouettes, Il était une fois en Arménie
Antonia Arslan
P1765. L'Œuvre des mers, *Eugène Nicole*
P1766. Les Cendres de la colère. Le Cycle des Ombres II
Mathieu Gaborit
P1767. La Dame des abeilles. Le Cycle du latium III
Thomas B. Swann
P1768. L'Ennemi intime, *Patrick Rotman*
P1769. Nos enfants nous haïront
Denis Jeambar & Jacqueline Remy
P1770. Ma guerre contre la guerre au terrorisme
Terry Jones
P1771. Quand Al-Quaïda parle, *Farhad Khosrokhavar*
P1772. Les Armes secrètes de la C. I. A., *Gordon Thomas*
P1773. Asphodèle, *suivi de* Tableaux d'après Bruegel
William Carlos Williams
P1774. Poésie espagnole 1945-1990 (anthologie)
Claude de Frayssinet
P1775. Mensonges sur le divan, *Irvin D. Yalom*
P1776. Le Cycle de Deverry. Le Sortilège de la dague I
Katharine Kerr
P1777. La Tour de guet suivi des Danseurs d'Arun.
Les Chroniques de Tornor I, *Elisabeth Lynn*
P1778. La Fille du Nord, Les Chroniques de Tornor II
Elisabeth Lynn
P1779. L'Amour humain, *Andreï Makine*
P1780. Viol, une histoire d'amour, *Joyce Carol Oates*
P1781. La Vengeance de David, *Hans Werner Kettenbach*
P1782. Le Club des conspirateurs, *Jonathan Kellerman*
P1783. Sanglants trophées, *C.J. Box*
P1784. Une ordure, *Irvine Welsh*
P1785. Owen Noone et Marauder, *Douglas Cowie*
P1786. L'Autre Vie de Brian, *Graham Parker*
P1787. Triksta, *Nick Cohn*
P1788. Une histoire politique du journalisme
Géraldine Muhlmann
P1789. Les Faiseurs de pluie.
L'histoire et l'impact futur du changement climatique
Tim Flannery
P1790. La Plus Belle Histoire de l'amour, *Dominique Simonnet*
P1791. Poèmes et proses, *Gerard Manley Hopkins*
P1792. Lieu-dit l'éternité, poèmes choisis, *Emily Dickinson*
P1793. La Couleur bleue, *Jörg Kastner*
P1794. Le Secret de l'imam bleu, *Bernard Besson*

P1795. Tant que les arbres s'enracineront
dans la terre et autres poèmes, *Alain Mabanckou*
P1796. Cité de Dieu, *E.L. Doctorow*
P1797. Le Script, *Rick Moody*
P1798. Raga, approche du continent invisible, *J.M.G. Le Clézio*
P1799. Katerina, *Aharon Appefeld*
P1800. Une opérette à Ravensbrück, *Germaine Tillion*
P1801. Une presse sans Gutenberg,
Pourquoi Internet a révolutionné le journalisme
Bruno Patino et Jean-François Fogel
P1802. Arabesques. L'aventure de la langue en Occident
Henriette Walter et Bassam Baraké
P1803. L'Art de la ponctuation. Le point, la virgule
et autres signes fort utiles, *Olivier Houdart et Sylvie Prioul*
P1804. À mots découverts. Chroniques au fil de l'actualité
Alain Rey
P1805. L'Amante du pharaon, *Naguib Mahfouz*
P1806. Contes de la rose pourpre, *Michel Faber*
P1807. La Lucidité, *José Sarramago*
P1808. Fleurs de Chine, *Wei-Wei*
P1809. L'Homme ralenti, *J.M. Coetzee*
P1810. Rêveurs et nageurs, *Denis Grozdanovitch*
P1811. - 30°, *Donald Harstad*
P1812. Le Second Empire. Les Monarchies divines IV
Paul Kearney
P1813. Été machine, *John Crowley*
P1814. Ils sont votre épouvante, et vous êtes leur crainte
Thierry Jonquet
P1815. Paperboy, *Pete Dexter*
P1816. Bad city blues, *Tim Willocks*
P1817. Le Vautour, *Gil Scott Heron*
P1818. La Peur des bêtes, *Enrique Serna*
P1819. Accessible à certaine mélancolie, *Patrick Besson*
P1820. Le Diable de Milan, *Martin Suter*
P1821. Funny Monney, *James Swain*
P1822. J'ai tué Kennedy ou les mémoires d'un garde du corps
Manuel Vázquez Montalbán
P1823. Assassinat à Prado del Rey et autres histoires sordides
Manuel Vázquez Montalbán
P1824. Laissez entrer les idiots. Témoignage d'un autiste
Kamran Nazeer
P1825. Patients si vous saviez, *Christian Lehmann*
P1826. La Société cancérigène
Geneviève Barbier et Armand Farrachi
P1827. La Mort dans le sang, *Joshua Spanogle*
P1828. Une âme de trop, *Brigitte Aubert*